医療から見た
キリスト教と
仏教の
究極に在るもの

坂本陽明
Sakamoto Youmei

推薦のことば

日本カトリック医師会 名誉会長　石島 武一

坂本陽明神父さまの最新のご著書、『医療から見たキリスト教と仏教の究極に在るもの』が上梓されました。表題に相応しい奥の深い内容です。神父さまの今までの研究の成果の集大成ともいうべき著作であると感じました。しかしタイトルから予想されるような堅苦しい神学書ではありません。神父さまの若い頃の悩みから始まり、高齢となった現在のご自分の心境も交えて率直に、また平易な言葉で語っておられるので、非常に読みやすい書物になっています。

カトリックの司祭である神父さまはカトリックの教義に精通されているのは当然ですが、プロテスタンティズム、ユダヤ教、仏教、イスラム教、ヒンズー教、さらにはギリシャ哲学や中国の思想まで広くて深い知識を持っておられ、本書にはその碩学ぶりが随所にみられます。しかもそれらの諸宗教について、カトリックからの目線ではなく、客観的で公平な立ち位置から解説されておられるので、カトリック以外の人にも抵抗感なく読めると思います。中でも日本人という特異な民族の宗教観について述べている部分は秀逸です。フランシスコ・ザビエルの来日以来471年、いまだにキリスト教が日本に根付いていない理由を神父さま独特の切り口で考察しておられます。

最後に、宗教と医学についての項があり、筆者にとってはこれが一番興味深い部分でした。

初めにホリスティック医学（統合医学）という最近興ってきた医療理念についての解説があり、次に医学と宗教の接点として、12世紀の聖ヒルデガルドの紹介から始まり、最後に日野原重明先生の医療と信仰の足跡を辿り、病気・老い・そして死の問題に言及して終わっています。

この本は単なる宗教の解説書ではなく、人間の根源である命の問題に正面から向き合い、人間の生き方について考えさせる本だと言えます。すべての人に、とくに若い人たちに読んでもらいたい本です。

医療から見たキリスト教と仏教の究極に在るもの　目次

はじめに――序言

第1部　仏教

第5章 仏教の教えとその展開

第2部　日本人の宗教観

第3章　キリスト教の諸様相……177

むすびに

はじめに——序言

はじめに――序言

1 キリスト教とは何か――神の呼びかけに応える生き方・モーゼの召し出し

キリスト教は、いかなる問題も解決し、いかなる苦しみをも乗り越えさせ、癒しと救いを与えます。そのことの確認のために、クリスチャンは毎週日曜日の主日にキリスト教会に集まり、神とのつながりを深め、また、信者との交わりを通して信じることの喜びを実感します。

神と出会い、神を「生きる支え」とするキリスト者の同胞と出会い、生きる元気をもらうのです。私を生かし、生命を与えてくれているのは、神です。偶然に生きているのではありません。神が、私たち人間を生かしているのです。ゆえに、私は生きており、生きることが出来ているのです。

20世紀最大の神学者といわれたカール・バルト（1886～1968年）の表現をかりれば、「生きることを、神によって、許されている」（カール・バルト『祈り』川名勇訳 新教出版社）のです。だから、私には心配はありません。そして、自分を委ねることができる方を持っているがゆえに、希望があり、明るいのです。

神によって自分が生かされていることを信じられなくなり、神にまかせることが出来ないなら、出口なしで、行きづまり、道は閉ざされます。その結末は自殺なのです。

殺人という失敗・過ちを犯したモーゼは、人と社会から逃げ、ミデアンという寒村で隠れて生きていました。しかし、そのような負い目のあるモーゼを、神は呼び出し、召し出したのです。私たちも、同じです。私も、そうなのです。

この世には、負い目やハンディを負った人もいるし、そうでない人もいます。過ちを犯した人や失敗した人を、常識的な人間とその社会は受け容れず、排除することが多いものです。しかし、神はチャンスを与え、その人を再び立ち上がらせ、生かし、新生させようとするのです。

負い目を持ち、殺人を犯したがゆえに、逃れるように隠れて生きていたモーゼを、神は、神が企てた計画を果たすために、召し出されたのです。無理にでも召そうと、神はされたのです。これが、神のモーゼへの呼びかけ、召命であったのです。あなたも、神の呼びかけ、召し出しを受けています。

私たち自身が、世に出たいと思ったのではなく、神が呼びかけ、召し出したのです。そこに、私たちの生き方の創《はじ》まりがあるのです。

2020年3月現在。私はこれまで、成功したこともありますが、それ以上に多くの失敗を人生で積み重ねてきました。人生の失敗者といってもいいでしょう。しかし、神は、そうはみていないのかもしれません。さらに加えて、73歳になって、老いと病気による負い目を担うようになって来ています。でも、神は、そんな私を選び、召し使おう、生かそうと、今なおされているのです。

私の担うさまざまな負い目にもかかわらず、神の召し出しや選びに応えて、もう一度新しく生きよう、生きることが出来るのだというという生き方。ここに、キリスト教的な生き方の実存があるのだと思います。

フランスの著名な哲学者ジャック・マルタン（1882～1973年）の妻となり、ユダヤ教からカトリックに改宗した女性思想家・ユダヤ人ライサ・マルタン（1883～1960年）は、「恩寵のうちなる冒険」という表現で、人間の生き方を語りました。人間の生涯とチャレンジは、神の恩寵のうちにある働きにほかならない、ということではないでしょうか。

■参考文献
ハロルド・クシュナー『モーセに学ぶ―失意を克服する生き方』松宮克昌訳　創元社　2008年
デヴィッド・バロン『史上最高の経営者モーセに学ぶリーダーシップ』熊野実夫訳　セルバ出版　2001年
ライサ・マルタン『恩寵のうちなる冒険』水波純子訳　ドンボスコ社　1966年
同　『あるカトリック思想家の回想―大いなる友情』水波純子訳　講談社　2000年

2 教皇フランシスコのゆるしとアイダル神父

ローマ教皇フランシスコ（1936年～・在位2013年～）が、2019年11月23～27日に来日し、広島・長崎・東京を訪問され、ミサを行い、記念式典に参加され、日本人信者との交わりの時を持たれました。

カトリック新聞紙上に2019年9月29日号から11月17日号まで掲載された、教皇さまのアルゼンチン・イエズス会神学校時代の教え子で、イエズス会のホアン・アイダル神父（現イエズス会上智大学修道院院長）の教皇についての記事はとても印象深いものでした。

イエズス会の東京・聖イグナチオ教会報に掲載された、教皇さまについてのアイダル神父の記事もまた興味深いものでした。

私は、10月、上智大学でアイダル神父と会い、教皇についてのいろいろな話しを個人的に聞く機会がありました。それは、以下のように要約されます。

〈この世界を、この世界の方法で変えることは出来ない。フランシスコは、この世界は福音の価値観で変わると、本気で堅く信じていると語られました。福音の価値観、それは、ゆるしです。

教皇がアルゼンチンにいた時、いつも一人の神父さんの所に、ゆるしの秘跡を受けに行っていました。その神父さんはおじいさんですが、ある時、その神父さんは十字架の前で祈って、イエスにこう言ったそうです。「イエスさま、こんなに私は人をゆるしていいのでしょうか。でも、これはあなたのせいです。あなたがゆるし過ぎたので、私は人にゆるしを与えすぎました」。

教皇もそうだと思います。もし誰かが、教皇はなぜそんなに優しいのかと聞くなら、その理由は、「イエスがそうだったから」なのです。

教皇はいつも、人をゆるすことは、その人に新しいチャンスを与えることだと言います。ゆるすということは、神様と同じようにその人を信じ続けるということです。ですからゆるせない人は、十分に神様を信じていません。一人ひとりの心の中で働いている神様を、信じていないのです。私たちが、人をゆるせるのは、その人の中に神様がいて、神様はどんな人でも良くする力があるからなのです。それを信じているから、私たちは人をゆるすことが出来るのです。世界を変えるための道具として、私たちがどうしても使わなければならない道具、それは、ゆるしなのです。〉

このアイダル神父のフランシスコ教皇についての言葉の中に、キリスト教とは何であるかの本質が語られているように思います。

「神のゆるし」、それは「愛」と言い換えてもいいように思います。キリスト教とは、愛し合うことを教える宗教なのではないでしょうか。

教皇フランシスコは、キリスト教は「愛」「いつくしみ misericordiae」「ゆるし」であると述べられましたが、モーゼは、神によって呼びかけられ、選ばれ、そして召し出しを受け入れました。その生き方そのものが、神を信じて生きることを証《あか》したのです。両方とも、神を信じて生きる生き方なのではないでしょうか。

■参考文献

フランシスコ教皇『ラウダト・シ』中央協議会訳　2015年

同　『キリストは生きている』同　2019年

同　『喜びに喜べ』2018年

同　『フランシスコ説教集 1〜6』2014〜19年

3 日本人は、キリスト教を、どう捉《とら》えてきたか

世界の三大宗教は、キリスト教・仏教・イスラム教といわれます。この中で、イスラム教は日本人にあまりなじみのない宗教ですが、キリスト教と仏教は日本人に深い関係を持っています。日本は、キリスト教国ではありません。キリスト教信者は現在、日本の総人口の1%でしかありません。しかしそうであっても、キリスト教の影響は深いのです。それは、江戸時代における260年の「隠れキリシタンの歴史（1614～1873年）」を持っていること、明治時代以降、日本の近代化に西欧文化が導入され、そのバック・ボーンにキリスト教が存在していたからです。

ですから日本人にとって、キリスト教は欧米文化とセットで捉えられています。しかしながら、徳川家康や明治維新政府の指導者たち、そして敗戦後の日本の指導者たちは、欧米の近代科学文明と精神的な日本人の支えとなるものとをよく峻別《しゅんべつ》し、科学・文明・文化と真理や精神的な支えとを識別してきたのです。

クリスチャンは、キリスト教こそ絶対的な真理だと思っていますが、多くの日本人は必ずしもそうとは思っていないのです。

現代の科学や文明・文化が欧米のキリスト教圏とつながりを持ち、日本も、世界の多くの国もそれを採りいれています。世界の多くの国の政治・経済・法律システムも、欧米を模範としています。しかし精神的支えである宗教は、必ずしもキリスト教ではないのです。

真理や普遍性は一つかもしれませんが、その表現法はユニーク（個々別々）なのです。

しかしながら一方で、日本におけるキリスト教は教育界においても多大な影響を与えてきました。

カトリックの聖心女子大は美智子皇后（現皇大后）を生み、皇室にキリスト教の価値観の影響を与えました。新教のキリスト教主義の諸大学も、日本社会に多大な影響を与えましたし、今も与え続けています。

イエズス会経営の栄光学園の校長で名著『日本の父へ』を著したグスタフ・フォス神父は、「ミッション・スクールの使命は、洗礼者を生み出し信者を作っていくことではなく、キリスト教的価値観を知らせるところにある」と、言っています。

4 世界の宗教界の動きとキリスト教会の衰退

２０２０年３月現在で世界のキリスト教の実情を見ると、信徒数においては増大しています。カトリック信徒数12・４億、プロテスタント10億、ギリシャ正教２・２億、総計約24・６億。

２０１５年の統計によると、イスラム教は17億。ヒンズー教10億。仏教５・５億（別の統計では、インドにおいて50万のヒンズー教徒と共に仏教に集団改宗した、アーベードガルの継承者・佐々木秀嶺（１９４５年〜）を指導者とする新仏教が１億。故に総計６・５億ともいわれています）。

しかし、19～20世紀前半に世界を席捲した欧米のキリスト教は、その欧米において衰退を辿《たど》り（米国では中南米より移住した信者が増加していますが）、信徒数の激減と教会の封鎖・統廃合や神父・牧師などの聖職者が激減しています。既成のキリスト教会が衰退を辿っているのに、全体的に信徒数が増えているのは、アジアやアフリカなどで信徒が増大しているからです。

日本においても既成のキリスト教が衰退していますが、仏教や神道など他の宗教にも同じ傾向が見られます。寺や神社の閉鎖や統廃合、跡取りである後継者の激減や信徒数の減少が顕著です。組織を支える資金も減少していっています。

このように、組織としての既成の宗教教団が衰退している理由を、キリスト教に限定してさぐってみましょう。

二千年前、当時の時代背景を背負って、時代の必要性から生まれたキリスト教は、２０２０年の今、時代の変化のなかで組織が機能しなくなって来ていることがまず挙げられます。社会や時代の変化・要請に、キリスト教とその組織の在り方がそぐわなくなり、必要性が失われていっているからではないでしょうか。

キリスト教とキリスト教会には、時代と社会の変化に対応する変革（イノベーション innovation・刷新）が、求められています。変革できなければ、死滅するかもしれません。

企業経営において、時代の変化に適切にスピーディーに対処しなければ倒産という結末が待っています。だからこそ生き残るための努力を日々重ねます。２０２０年現在、低迷を続けながらも、日本の経済が世界の中で頑張り続けていられるのは時代の変化に対応し続けてきたからということです。日本のキリスト教会に、それがあるのか疑問です。

5 キリスト教会の努力の歩み（軌跡）

無論、キリスト教会も、衰退に対し手をこまねていただけではありません。努力を重ねてきたことは言うまでもありません。

キリスト教を現代社会に適応させていこうとした、カトリック教会の第二バチカン公会議（1962～65年）における、〈現代化（アジョルナメント）への動き〉は、キリスト教会を刷新し変革させようとした努力の一つの表現《あらわれ》であったといえます。

またプロテスタント教会における、〈生活している現実の場（生活の座 Sitzen des Lebens）に即して聖書を解釈していこうとする、実存的解釈を説いた聖書学者ルドルフ・ブルトマン（1884～1976年）の実存論的神学がクローズ・アップされた〉ことも、教会刷新への一つの試みであったといえます。

イエス・キリストの生き方だけでなく、パウロの信仰理解をキリスト教の中心に据え、教会と信仰を見直そうとした「パウロ主義強調」の動きも、キリスト教に変革を与えようとした努力の一つであったといえます。

南米で起こったカトリック教会における「解放の神学」の生起、2000年代にアジア司教会議（ASIPA）で提案された「聖書の7ステップの学び」の動きもその一つであったといえます。「聖霊カリスマ刷新運動」も、教会の刷新のために、カトリック・プロテスタント両教会で推進されてきました。

しかし、それらの努力にもかかわらず、既成のキリスト教会は衰退の一路を辿《たど》ってきています。何故でしょうか…。

キリスト教会は、既成の教義や組織、信仰への捉われをご破算にし、全く新たな視点からキリスト教会を構築し直していかなければならないのではないでしょうか。

キリスト教の創始者はイエスかパウロか、カトリックが正統かプロテスタントが真の教会なのかという議論よりも、この二千年の人類の歴史が、イエス・キリストの中に人の理想の生き方を見、真理の体現者としてみなしてきたことに心を向けることが大切なのではないでしょうか。

キリスト教はこの二千年のなかで、確かに、いろいろな出来事や歴史を産み出してきました。過ちもありました。しかし、キリスト教は滅びなかったのです。何故でしょうか…。

6 キリスト教会と共産主義

マルクス主義による社会主義・共産主義は、自由と平等の理想を標榜《ひょうぼう》して、ソ連・中国・東欧諸国などで実験されてきました。しかし、ソ連や東欧諸国においては、1917年の導入以来、1989年に70年にして消滅していったのです。

中国は、政治体制の上では共産主義を維持しているものの、経済は資本主義体制を採り入れ、現政治権力を掌握するために共産主義制度を援用しているにすぎません。社会主義の理想は、70年にして消滅したのです。

他方、キリスト教とその教会は、二千年も続いています。それは、キリスト教とキリスト教会の組織の中にたくさんの矛盾があったとしても、人間の中に、イエスを理想とする生き方への強い憧憬があったからではないでしょうか。

7 キリスト教会の現代社会における役割（使命）とは

では、2020年の現代において、キリスト教の役割とは、何でしょうか。それは、二千年前に、イエスが説いたように、神は、弱き者・苦しんでいる者・罪ある者・負い目（引け目）あるもの・病める者・老いる者などをも、癒し救う方であることを告げ、そのような人々をも癒し救う社会を実現させていくことではないでしょうか。

健常者や祝福されている者を、さらに豊かにすると共に、負い目や引け目を持つものをも、生かし、立ち上がらせ、豊かにし、祝福していける共生社会を作っていくこと。ここに、キリスト教の役割があるのではないでしょうか。共生する多様な人間同士の新しいイノベーション（変革）を促進する、ということかもしれません。

カトリック教会に出現し、新しい教皇像を打ち立てようとしている現教皇フランシスコは、そのヴィジョンを、自然環境との共生・共存を提唱した回勅『ラウダート・シ』（２０１５年）において提示し、新しいキリスト教の在り方を推進させようとしています。

そこには、全ての人々との「寄り添い合い」という在り方が、強調されています。キリスト信者を作るというより、生命ある全てのものとの連帯・連繫・寄り添い合いが、ヴィジョンとされているのです。

現代の日本社会全体は物質的には繁栄し、制度も整えられ、社会保障も整備されています。にもかかわらず、人と人との間のコミュニケーションが円滑になされず、社会・会社・家族、さらに教会内においても、安らぎや帰属意識が得られていない状況にあります。

人間関係の繋《つな》がりや交わりの中に、癒しと救いを与え、愛と相互協力が出来る、心（魂）の工夫を作り上げていくこと。ここに、キリスト教会の現代社会における役割・任務・ミッション（宣教）があるのではないでしょうか。

20〜21世紀の間に、世界は大いに発展してきました。

文明・文化・経済などの「モノ」の発展・進歩だけではありません。人間として生命を与えられた存在そのものを生かしていくこと、即ち、ヒューマニズムも発展・進歩してきました。これには、キリスト教がおおいに影響を与えているように思います。

適者生存に基づく、力（権力・知力・体力・金力）ある者だけが人生の成功者となって人生を謳歌していくだけでなく、生命ある者すべてが生かされていく世界・社会の実現。そのように、時代は推移してきていると感じます。

8 権力を持つ強者と権力を持たない弱者、健常者と身障者が共生・共存していける社会を実現する役割が、キリスト教にはある

20世紀に、国際連盟、国際連合が、それぞれ、世界大戦の後に（1919年、1945年）成立したということは、適者生存、強国が弱小国を植民地化し征服していくという在り方が、必ずしも良いことではないという考え方が、台頭してきたということです。弱小国も平和に共存・共生していけることが、正しいことだという合意がなされるようになったということです。

国際法の発展は、国際信義を求めようとする現われです。

この動きは、主権を持つ他国のことであっても、普遍的真理や人権にかかわる場合、内政干渉も必要であるということに、進ませるようになってきたのです。

ナチ・ヒットラーによる600万のユダヤ人虐殺、毛沢東・スターリンが、権力闘争で中国とソ連の自国民五千万人を殺したことも、ヒューマニズム（人道主義）に反する犯罪として裁かれるようになってきているのです。

超大国であり全世界を守り指導する立場にあるアメリカが、自国の利益を優先する政策を打ち出しましたが、これに異議を唱えるのは、超大国としてのアメリカに国際信義を期待しているか

らです。トランプ政権とその支持者が指向している、アメリカの利益のみを優先していこうとする政策は、キリスト教の理想に反しているといわねばなりません。

遺伝子（DNA）によりもたらされた身障者の社会参加、身障者と健常者の共存・共生も、現在、推進されるようになってきています。これは、肉体に障害があっても、生命あるものとして尊重されなければならないというキリスト教の考えからもたらされたものといえましょう。

20世紀前半に、三重苦の聖女・奇跡の人（miracle worker）といわれたヘレン・ケラー（1880～1968年）が現われ、自らの身障を克服し、身障者に慰めと勇気を与え、身障者の社会参加に道を開かせる草分けとなりました。1963年に公開された映画『奇跡の人』でヘレンを演じた少女パティ・デュークとサリバン先生を演じたアン・バンクリフトの名演技は、とても感動的でしたね。

22年前、1998年に、両腕・両足のない乙武洋匡《おとたけひろただ》（1976年～）さんが、『五体不満足』を書き、500万部の超ベストセラーとなり、乙武さんは、多くの人々に、慰めと勇気を与え、挑戦心をも奮い立たせました。彼は、身障者という負い目（ハンディ）を克服し、早稲田大学を卒業、教育委員会に身障者の教員を認めさせ自ら公立学校の教師となり、多くの社会的貢献を行ったのです。

身長100センチの伊是名夏子《いぜななつこ》さんは、子供を2人出産し、子供たちは健常者として育っています。彼女自身も早稲田大学を卒業し香川大学院で福祉を学び、社会貢献の仕事を果たしています。2019年5月、『ママは身長100センチ』という本を出版しました（ハフポストブックス社刊行)。

このようなハンディを負った者も、それを乗り越え社会参画できることを可能にさせる 前向きな姿勢(positive thinking)やチャレンジ精神は、キリスト教がもたらしたものといえるでしょう。身障者自身の心の姿勢と、彼らを受け容れ、社会参画させるチャンスを与えようとする世相、それは、現代社会が、キリスト教の考え方の影響を受けてきたからともいえましょう。

フランスにジャン・ジュネ(1910~86年)という異色の小説家がいました。

彼は、母に捨てられ、みなしごになっていたのを拾われ養子となり育てられましたが、盗みと脱走を繰り返し、16歳の時、感化院に入れられ、以後、非行、わいせつ、男娼、強盗密告者として悪の道をひたはしりました。しかし、監獄の独房で小説を書き始め、地下出版し、これに目をとめた作家コクトーらの尽力で、終身刑を恩赦されたのです。以後、作家・劇作家として転生し、実存主義哲学者サルトルの『聖ジュネ』で生ける伝説とされてからは、劇作・批評に専心し、晩年は、パレスチナ解放運動や黒人民族主義に関わり、独自の政治参加を行なったのです。

善悪という観点からいえば、青少年の時期を悪の道で送ったジュネは、監獄で終わる運命にありました。しかし、創作という神の与えた才能が、彼を世に出させる契機となり、コクトーやサルトルとの邂逅を通して転生へと導かれたのです。フランスという土壌が、ジュネを生かしたのですね。それは、キリスト教の風土が、生み出したものといえるのではないでしょうか

愛や慈悲の精神は仏教でも説いていますが、教えの具体的内容に、新しい道を開かせるという

積極的方向性やチャレンジする精神を入れているのは、キリスト教の特徴ではないでしょうか。

アメリカに「敗者復活戦」があります。一度、人生で失敗しても、又、やり直す機会が与えられるのです。回心し、やり直そうとするなら、その人に新生するチャンスを与えようとするゆるしのスピリットやチャレンジ・スピリットがキリスト教にはあるように思うのですが、どうでしょうか。

元やくざで前科がありながらも、刑務所の中で回心し、キリスト者となり、刑期が終わり出所してから、神学校へ行き教会の牧師となり、多くの人の回心や魂の救いを助けている人がいます。松竹映画『親分はイエスさま』（２０００年）のモデルとなったミッション・バラバの鈴木啓之《すずきひろゆき》（１９５５年〜）先生、進藤龍也《しんどうたつや》（１９７０年〜）先生の生き方は、多くの人々に感動を与えています。社会的ハンディを負った人々が、それを克服し、他者の為に生きる者へと変えられていった姿は、多くの人々にはげましと勇気を与えずにはおかないのです。

さらに、老いと病気というハンディ（負い目・引け目）を抱える人も多い現代ですが、それでもなお、他者と社会の為に貢献することが、21世紀においては出来るようになってきています。生命ある者が、生き生きピチピチと、喜びをもって、前向きに積極的に生きること、これは、キリスト教の精神がもたらしたものではないでしょうか。

キリスト教は、2020年現在、信者になる数は減少し、キリスト教会は19世紀までの欧米世界のような教勢はみられませんが、その教えや影響力は厳然と存在しているのです。それで、いいではありませんか。

世俗化が急速に進んでいる現代社会の中で、少数であっても確固としたキリスト信者を生み出し、その教えを生き延びさせ、継承させていくことが必要なのです。

世俗社会にあって、愛に生き・共生していくという、ユニーク（独自）な人々を生み出していくこと、これが、キリスト教会の現代における役割（使命）なのではないでしょうか。

■参考文献

アン・サリバン『ヘレン・ケラーはどう教育されたか』槙恭子訳　明治図書　1995年
ヘレン・ケラー『私の生涯』岩橋武夫訳　角川書店 原本1929年、邦訳1968年
同『光の中へ』（旧版『私の宗教』島田四郎訳 1971年）島田恵訳　メルクマール　1992年
乙武洋匡『五体不満足』講談社　1998年
同『社会不満足』中央法規　2014年
福井達雨『僕アホやない人間だ』海竜社　1969年
同『やさしい心を持っていますか』サンガ　2008年
藤本美郷・文『笑顔の架け橋ー手足のない体に生まれて』佼成出版社　2013年
椎名誠・三浦雄一郎他『生きる力ってなんですか』日経BP社　2014年
伊是名夏子『ママは身長100センチ』ハフポスト・ブックス　2019年
鈴木啓之『愛されて許されて』雷顔出版　2000年
同 他『ミッション・バラバ・刺青クリスチャン 親分はイエスさま』講談社　2001年
同『イレズミ牧師のどん底からの出発法』講談社　2002年
進藤龍也『極道牧師の辻説法』学習研究社　2010年

同　『人は必ずやり直せる』中経出版　同
同　『未来は誰でも変えられる』学研　２０１１年
同　『立ち上がる力』いのちのことば社　２０１２年
同　『あなたにもある逆転人生―生き直した人々の物語』同　２０１４年
ジャン・ジュネ『泥棒日記』１９４９年原文　朝吹三吉訳　新潮社　１９６８年
ジャン・P・サルトル『サルトル著作集34 聖ジュネ』１９５２年原文 白井浩司訳　人文書院　１９６６年

9 宗教の現代社会における役割（使命）

本書は、キリスト教と仏教が、現代社会に、いかなる癒しと救いをもたらすものとなり得るかという思いを込めて書かれています。著者がキリスト教徒であることから、その視点が反映されていますが、日本人である自分には、産まれながらに仏教は浸み込んでいます。本書には、キリスト教と仏教の教理（教え）と自身の体験（自伝）、双方が書かれています。

そして、キリスト教の役割を述べる時は、そこには、対極に仏教が常に意識され、据えおかれていることを、知っていただきたいと思います。

また、キリスト教と仏教は、突然、世界の歴史に出現したわけではありません。それぞれ、出現する前に前史という経緯がありました。

本書は、キリスト教と仏教の成立以前の経緯も、書かれています。バラモン教やユダヤ教に、多くの紙面をあてたゆえんです。

そして、現代日本の宗教に対する見方にも、言及しました。参考にしていただければ、幸いです。仏教もキリスト教も、究極的には、人間の生きる意味を問い、探求し、答えようとしていることにおいて、軌を一にさせているのではないでしょうか。

本書を通して、キリスト教と仏教に対する探求、そして、宗教に対する探求の道が、深められれば幸いです。

2020年6月　坂本陽明

第1部　仏教

第Ⅰ章　キリスト教と仏教のイメージ

1　キリスト教と仏教──救いと癒しを与える世界の二大宗教

キリスト教の目的、それは何でしょうか？

それは、人間とその社会に、救いと癒しをもたらすところにあります。そのてだては、愛し愛される生き方をすることです。特に、重荷を負う者・負わされた者、負い目や引け目を持つ者・持たされた者、失敗した者・させられた者を救い、癒し、愛し、もう一度立ち直らせていくところにあります。

二千年前にイエスが説いた教えは、まさに、そのことであったのです。

私も、負い目を持ち、沢山失敗をしてきた人間です。ですから、そういう自分を救い、癒し、立ち上がらせてくれるキリスト教を必要としているのです。

キリスト教と共に世界宗教とされている仏教の開始者・釈迦が、二千五百年前に説いた教えも、人間とその社会に、救いと癒しをもたらすところにありました。

釈迦の教えは、イエスのように「愛」を強調するというよりも、個人の修行による悟り（ニルヴァナ）の達成や心の平安の実現というところにあり、キリスト教とはおもむきを異にするところがありました。

けれども、〝心の絶対平和の境地〟という悟り・救いを求めるところにおいては、軌を一にするところがありました。

そして、仏教には、「慈悲」を説くところもあったのです。

2 キリスト教と仏教――宗教に求めるもの

キリスト教と仏教という宗教に求めるもの、それは何でしょうか？　宗教に憧れるもの、宗教に希望するもの、それは何でしょうか？

私は、沢山の失敗をしてきましたが、一方では、上手くいったこと、成功したこともありました。

そして、今、失敗という負い目や重荷を負いながらも、またやり直し、人のため・社会のために役に立つ生き方をしたい、という思いがあります。自分を立ち直らせてくれる力、新生させてくれる力、励ましや慰め・助けを与えてくれるものを、求めているのです。キリスト教に求めるものは、その力なのです。

3 キリスト教と仏教のイメージ

キリスト教と仏教には、救いを与えてくれるというイメージがあります。

しかし、救いを与えてくれる内容のニュアンスは、若干異なっています。

キリスト教の中には、魂・心・精神を救い、心を慰め、癒してくれるものがあります。即ち、愛による救いがあるのです。


神の導き・摂理による救いということ、それは、つまり神の愛が存在し、その神の愛が救ってくれる、護《まも》ってくれるということに他なりません。

そして、神の愛が在ることを信じること、それが信仰なのです。


失敗して負い目を沢山持ち、そういう自分をだめだと思い、失望し絶望していくのなら、それは出口のない、そこには存在を否定する道だけしか見つけることはできません。

その道の窮極《きゅうきょく》にあるもの、それは、死や自殺です。

しかし、どんなに否定的なことが起きようとも、救いや解決の道があるのです。なぜならば、神の愛が、この世に在るからです。

神の愛が在ると信じること、神の愛に希望を置くこと、これが、信仰ということに他なりません。

ナチスのアウシュビッツに収容され、処刑の時を待つだけの境遇に置かれながらも、自己放棄せず、生きることに希望を持ち続け、運良く収容所から生還したユダヤ人医師・ヴィクター・フランクル（１９０５～９７年）は、自身の体験を通して、〈生きることは希望を持ち続けることである〉と証ししました。生き続けること、そして希望を持ち続けること、それが信仰に生きるということなのです。

4　肉体的な負い目──病気と老い（加齢）

今、私には、心や精神的な負い目だけでなく、肉体的な負い目が起きています。脳の血管がつまり、血流がうまく流れなくなり、動脈硬化を起こして、脳梗塞《のうこうそく》を起こすようになりました。若い頃からの脳血管のつまりが、黒点としてＭＲＩ検査写真で見られました。今すぐ死ぬわけではありませんが、このまま放置すれば梗塞は進み、やがて寝たきりになって死んでいきます。原因は、食生活や生活習慣のケアーを怠ったこと、高血圧や他の器官の故障を放置しておいたこと、運動不足などがあげられます。精神的ストレスも関係していたようです。

若い時には、そのような誘因があっても、脳がつまり、めまいやフラフラが起らなかったわけですから、やはり老いが原因となっているのでしょう。

人によっては、難聴や目の衰え、健忘症、認知症なども、しだいに進んでくるようになります。運動量の減少による脚力や筋肉の衰えは一挙に進み、歩き方を緩慢にさせます。今の自分は、そういう状態です。20年このかた車を運転することが習慣となり、歩くことが少なかったので、そのツケで、脚の筋肉が衰弱してしまったのです。

背筋を伸ばして歩き、常に背骨をまっすぐにさせ、足腰を使って歩く習慣をおろそかにしたことが足腰を弱くさせ、体力の低下を招きました。前立腺肥大や他の病気で投薬した薬の副作用も、影響しています。

足腰の筋肉を鍛えるリハビリが、今の自分にとって最も効果的な治療でしょう。リハビリをしなければ、老化により足腰はますます衰え、やがて車椅子生活になってしまうでしょう。そうなるのは、自分で努力をすることを怠った自業自得の為せるわざともいえます。

70歳代になって、病気と老いによる負い目を人生ではじめて経験しています。精神的な負い目の上に、肉体的な負い目が重なってきたのです。

この二～三年、体調が思うにまかせず、人と会うこともおっくうになり、人と会うことを避けたいと思うようにもなりました。

〈やろうと思うことも、やらなくてもいいか〉という気持ちになることが多くなりました。体を動かすことを面倒くさいと思い、やらないで済ませることも出てくるようになりました。

昔は人生50年といいましたが、それからすると20年も余計に生きていることになるのですからこれでもう十分だと思う気持ちもあります。

しかし、105歳まで現役で長生きした医師の日野原重明《ひのはらしげあき》先生（1911～2017年）をみると、

72歳ではまだまだ寿命ではないと思う気持ちもあります。

２０１７年の日本人男子の平均寿命が81歳ですが、私はまだあと8年あります。81歳は平均寿命で、健康寿命はこれから5歳を引くので76歳です。81歳まで現役で健康に生きるには、日野原先生がされたように、健康維持のための工夫が必要なのです。工夫をしなければ、体力は衰えていくばかりです。

リハビリを工夫をすれば、体力を保持し回復の可能性も出てきますが、何もしないで、病気や老いと戦わずに自然に老いと病気が進むにまかせて日を過ごせば、確実に車椅子生活になり、死に近づいてゆくことになるでしょう。

5　人間の生き方――人間の努力と神にゆだねること

ここで、「人間の努力」と「神にゆだねる」ことの関係について、少し考えてみたいと思います。キリスト教神学の用語に置き換えるなら、「神の恩寵と人間の自由意志」（gratia dei et liberum arbitrium）の関係についてです。


個人的なことですが、今の自分の身体的状態をこのまま自然にまかせて放置するならば、ますます身体は衰弱し、死期が近づいてきます。その様な自分にとって「神にゆだねる」こと、それは、一体どういうことなのでしょうか。

体力の衰退や衰弱をそのまま放置し、成り行きにまかせるということでしょうか。

そうでは、ありません。自分に出来ることや可能性を考え、工夫や努力をかさね、その上で委ねるということです。

6 人間の工夫・努力――病気の処方箋に努めること

私の場合でしたら、健康回復のための工夫をし、リハビリを続ける。医師の診断・処方に従い、養生を続ける。野菜・果物・穀類・オリーブ・ビタミンＣを多く摂取し、塩分や糖分を控える。脂っこい食べ物や添加物の多いコンビニの食品をひかえるなど、工夫や努力を行なうということです。

コーラや１００％果汁以外の飲料は避け、たばこや過度の飲酒をひかえる。食事の量も、腹八分か七分にしておくという工夫や努力を続けるということです。

ちなみに、日野原先生はカロリーに注意しながら、肉や魚・カルシウムも十分にとり、ビフテキもバランスよくとり、栄養を維持しておられたようです。食生活に絶えず注意する一方で、階段を大股で昇り降りし、エレベーターやエスカレータに乗らず足腰を鍛えていたのです。毎日の、体操も欠かさずにしていました。

体の健康法に早くから気付き、かつ、精神の健康維持のための工夫にも努め、実践してこられたからこそ、１０５歳まで健康を維持して現役を続けることができ、長寿を全うすることができたのでしょう。

クリスチャンであった日野原先生は、神を信じておられましたが、その生き方には、工夫や努力が沢山なされていたわけです。神の恩寵に感謝しつつ、神が与えて下さった生命を持続させるための人間的努力や工夫を怠らなかったのです。

7 精神面における病気回復の処方箋

日野原先生は、身体や肉体の健康維持のほかに、精神的な健康維持の工夫や努力も実践していました。

常に前向きに物事を捉え、いつもチャレンジする姿勢を持ち続けました。人を愛し、自分も愛されるように努め・工夫してきました。忍耐することにも努めました。忍耐することは、他の人への共感をつちかうことになります。

この三つの生き方を、ヒットラーのナチス収容所に収容されながらも、奇跡的に生還したユダヤ人医師ヴィクトル・フランクルは行ったのです。ナチスの収容所での記録を著したフランクルの著作『夜と霧』（１９４７年刊）から日野原先生は学ばれました。

死を待つばかりで希望の断たれたユダヤ人収容所の中で、フランクルはこの三つの生き方を実践したのです。日野原先生は89歳の時に、この生き方を、75歳以上の人を対象に創設した「新老人の会」のモットーとし、自身もそのように生きたのでした。

日野原先生にとって人生はいつも「創《はじ》まり」「新生」でした。105歳で亡くなられた時に出版された遺稿集の題名は、『いくつになっても、今日がいちばん新しい日』（PHP出版社　2017年）でした。そして100歳の時に書かれた本の題名は、『百歳は次のスタートライン』。これらの本の題名からも、日野原先生の生き方は、私たちに医療による救いや癒しだけではなく、信仰や人生観による救いや癒しをも与えてくれたことがわかります。

『延命の医学から生命《いのち》を与えるケア』（1983年　医学書院）という日野原先生の本があります。生命を生き抜くこと、これが医療の究極にあるものであり、人間存在の解き明かしであると先生は説いておられます。

8 ユダヤ教・キリスト教の信仰の捉え方

話しを戻しましょう。

神を信じること・神に委ねまかせて生きること、それは、何もなさずに時が過ぎ去るのを待つということではありません。

神のみ心（意志）によって、被造世界と人間は神の似姿に似せて創造され、善きもの（神＝理想）に向けて造られたがゆえに、人間は神のみ心（真理・理想）が実現されるようにと、自らも精進や努力・工夫をして生きるということであり、決して成り行きのままに生きるということではないのです。

キリスト教は、神を信じ、神に委ねまかせて生きることを強調します。キリスト教の母体となったユダヤ教も、神の教導を従順に信じ、委ね切って生きる生き方を強調します。しかし、その信仰は盲目的な信仰ではありません。ヘブル語（旧約）聖書『創世記』にあるように、ヤコブは神の祝福を求め、与えられなければ与えられるまで神と相撲をして祝福を求めました。神は交渉可能な相手でもあるのです。

最後の最後は神のみ心（意志）により決定されるわけですが、人間側からの働きかけ、自由意志、努力や工夫もあいまっているのです。

人間もこの世界も、あるべき理想（目的・方向）により創造され、存在し得ているものはそこに収斂《しゅうれん》されていきます。と同時に、人間の側の働きかけや応答・努力・対応も、出来事を生起させ、変化させたりするのです。

聖アウグスティヌス（354〜430年）は『告白録』の中で、「神よ、あなたは　私を　あなたに向けて造られたので、あなたのもとに行くまで、私は安らぎを得る（見い出す）ことはありません」（1巻I章1節）と祈りました。

「理想」という神の分かち持っている真理を、神が人間に賦与《ふよ》したからこそ、人間は真理を探求し続けているのではないでしょうか。

いいかえれば、人間は神によって、神を探求させられ続けているのではないでしょうか。

第２章　仏教成立以前のインドの宗教

１　仏教（釈迦の教え）の背景としてのヒンズー教

紀元二千五百年前後に、期せずして、世界に釈迦・老子・孔子・ソクラテス・ゾロアスターなどが出現し、被造世界の成り立ちと人間の生き方の探求に努めた時期がありました。

この中の探求者の一人が、賢者・釈迦であったのです。

その釈迦は、世界四大文明の発祥地の一つインドに出現し、釈迦の教えである仏教は、インド文化の集大成であるヒンズー（バラモン・インド）教を母体として、生起しました。

ヒンズー教は、宗教というより、インドの政体であるカースト制度と、文化・風俗・習慣が一体化した生活様式といっていいでしょう。

哲学的考察が紀元前10世紀から行われていたインドであってみれば、そこには宇宙・世界の存在への探求と人間の生き方への探求が、思索としても既に据えられていたことはいうまでもありません。

それが、哲学的思索と宗教的叡智を統合させた、創造神・宇宙存在の主宰神としてのブラフマン（梵《ぼん》）と、人間個人のアイデンティティ（独自性）との一致（一如）を、到達目標とさせるヒンズー教の成立へと、道を開かせていったのです。

ヒンズー教は、ブラフマン（梵）を天地を創造した主神として捉らえ、シヴァ神を破壊神、ヴィシュヌ神を宇宙・世界を維持する役割を持つ神として捉え、釈迦を九番目の生まれ変わりのヴィシュヌ神の権化（生まれ変わり）としても、捉えています。

インド人にとって、異なる神を信奉していても、結局は、同一の絶対者への帰依へとつながられていきます。そこには、「真実は一つ」という考え方が横たわっているのです。

これは、日本人の信仰心と似ているかもしれません。日本人も「真実・真理は一つ」、絶対者なるものへの帰依を、指向しているのではないでしょうか。

ヒンズー教は、インド人の宗教上の寛容さと、インド社会の多様性を統一するメカニズム（原理）の上に成立し、五千年のインド社会の中で、調和を保ち続け、今も保ち続けているのです。

釈迦の仏教は、かかるインドのヒンズー教という大河の中から生まれました。

しかし、釈迦の仏教は、生活様式としてインド社会に浸透していったカースト（身分階級）制度という政治体制と、その政体を支える輪廻（サンサーラ）思想を、否定した教えであったのです。人間の平等を提唱し、カーストという身分階級を否定したのです。それゆえ、釈迦の教え・仏教は、インド社会の主流思想とはならず、しだいに消滅していくようになったのです。

しかしながら、仏教の教えの中心、それは、カースト制度という政体を否定するところにあったのではありません。釈迦の仏教の中心の教えは、この世にある諸々の苦しみ、特に「生老病死」から救われ、悟り（涅槃＝ニルヴァナ）、心の安心・平安を得るところにありました。

ヒンズー教は、宇宙・世界と人間が一つになること（梵天一如）を到達目標とし、存在するものは生まれ変わり永遠に生きるという輪廻（サンサーラ）の思考をとらせることによって、救いを人間に与え、人生の諸問題を解決・解明していきました。

奴隷に生まれてきた社会的差別・経済的貧困などの苦痛も、輪廻により説明され、ヒンズー教は、人間とその社会を救ったのです。

しかし、釈迦は、輪廻による救いの説明に満足しませんでした。

２　ジャイナ教

釈迦の仏教と時代を同じくして生起したのが、ヴァルダマーナ（紀元前４４４～３７２年頃）が創設したジャイナ教です。

この教えは、仏教と似ており、天上界の理想的世界に到達する救いを得るために、「警戒（戒律）」を遵守することを説いたのです。「警戒」を実践することにより、天上界に達し救いを得ることができるのです。「警戒」とは、アヒンサー（不殺生）、盗みを禁じること、性交を禁じること、大言壮語（不妄語）を禁じること、個人的所得・財産を禁じること、飲酒を禁じること等です。仏教でいえば「五戒」に当たります。

私が、1970年代後半、はじめてインドのカルカッタのマザー・テレサの家に行った時、カルカッタの町で、ナハラさんという方と出会いました。彼はジャイナ教徒で、キリスト教徒ではありませんでしたが、マザー・テレサの活動を良いことだと評価し、寄付をしていました。

彼自身は裕福な階級の人でしたが、彼の家のまわりに乞食のような人々が、掘っ立て小屋を作って住んでいても追い払う様子もなく、そのままにしていました。そして、貧しくみすぼらしい子供がいてもその子を抱きかかえて、何かお菓子をあげていました。

私は、このナハラさんのごく自然な態度を見て、これが、インド人の多様性の一致を認める寛容さの姿だと思いました。

昔の日本人なら、お金持ちが汚れた着物を着ている乞食の子供を抱きかかえることなど、ありえませんでした。金持ちの邸宅のまわりに乞食が掘っ立て小屋を建て住んでいることなど、ありえませんでした。インドは、不思議な国だと思いました。

ジャイナ教には、むろん行者と一般信徒の区別もあります。仏教の僧侶と在家の区別が、ジャイナ教にもあります。出家し僧侶となった者と在家の者とは、「警戒（戒律）」を守るにも程度が区分けされているのです。

僧侶が苦行と出家・遊行生活（沙門）の生活形態をとること、それは、ジャイナ教と仏教の似ているところです。

ジャイナ教の特徴の一つに、事物を断定的に即断してはならない、という考え方があります。スヤードヴァーダ（不定主義）と言います。これも、仏教に似ています。釈迦は、極端を避けて中道を往けと言われました。死後の世界について聞かれた時、釈迦は答えなかったといわれます。真理や真実は一つであっても、これがそうだと断定しないで、多様性を認め、その中の一致をはかること、これがヒンズー教以来のインド人の特性ともいえるものです。

ジャイナ教は、仏教と同時代に始まり、仏教は11世紀にイスラム教の侵入により死滅してしまいましたが、ジャイナ教は、その後も生き残り、今も生き続け、インドの重要な宗教の一つとなっています。

仏教は、インドのカースト制度を否定したため、インド社会に根づかないものとなりましたが、20世紀に再生をみました。アンタッチャブル（不可触賤民）出身のインドの司法大臣・アーベードガル（１８９１〜１９５６年）が集団改宗を行なったことにより、２０２０年、１億の信徒数に増加しています。

３　仏教成立時のインドの時代背景

仏教の開祖である釈尊（釈迦）が仏教を説いた時、インドの主流であったヒンズー（バラモン）教の教えとは異なる教えが、説かれていました。

ヒンズー教は、宇宙・存在するものの起源と人間の生き方を探求する世界観を形成する、救いの教えとして成立しました。釈迦の仏教は、人間の存在上の苦しみ（ドッカ）からの救いを求める実存的教えとして、成立したのです。

釈迦の仏教も、ジャイナ教も、主流であったヒンズー教に異端する思想（教え）の一つであったといえましょう。

主流の教えであるヒンズー教があったのに、非主流である諸思想も存在し得たのは、ヒンズー教が、なんでもありという多様性を認める寛容な宗教であったことと、関係しています。

イスラム教やユダヤ教・キリスト教であったなら、絶対的な一神教を奉じるがゆえに、異なる神・異なる宗教を認める寛容さは、なかったでしょう。異端思想は、弾圧され処罰されたことでしょう。

ユダヤ教が、ユダヤ教から出たイエスの教えを弾圧しイエスを殺したのは、必然的帰結であったのです。キリスト教とイスラム教の他宗教・異端への弾圧は、魔女裁判・十字軍などによって、良く知られています。

主流となる考えがあれば、非主流・反主流の考えもあり、共に共存するのが、健全なことなのかもしれません。

インド人にとって、真理・真実は一つという考えは、多様性の一致を認めるものでもあったのです。断定する考え方を、インド人はしません。即ち「不定主義」を、インド人は採るのです。

そこに、インドの諸異端思想が存在し、認められていく所以《ゆえん》もありました。そして、それら異端思想の考え方は、今日の我々からみても、納得し妥当するものでもあったのです。

４ 主流派と反（非）主流派

今日、主流派と反主流派が、共存する世界・社会があっても、いいのではないでしょうか。これも、多様性の一致の一形態かもしれません。

反主流・非主流の考え方が、時代にそぐわなくなれば、自《おの》ずから必要性がなくなり、淘汰され消滅していくのですから。

日本においても、明治維新政府を統治し強化するため国家的規模で人工的に作られた国家神道やサリン事件という犯罪行為を起こした一新興宗教のオウム真理教、それらは、一時、必要性を充たすために生起しましたが、必要性・必然性がなくなるや、消滅していきました。

オウム真理教は、高学歴の青年層を信者としてひきつけ、宗教教団を成立させましたが、殺人という反社会的犯罪を起こしたため、スキャンダル教団とみなされ社会的に葬り去られました。

主犯の教祖・麻原彰晃は２０１８年死刑に処せられましたが、２０２０年の今も信者は残り、教団は存続しています。存在の意義は失われておらず、必要性がなくなっていないのかもしれませんね。

日本社会党は、与党である主流派自民党に対抗する必然性があったればこそ、野党として成立していましたが、社会党から総理大臣になった党首・村山富一（在任　１９９４〜９５年）が、自民党と全く同じ政治を行ったので、革新政党としての社会党は支持を失い、社会党が存在する必然性がなくなったため、やがて消滅していきました。

インドの異端思想に、話しを戻しましょう。

異端とは、正統とされた主流派である考え方に対抗する非主流の考え方です。インドにおいて、それは、ヒンズー教という主流に対抗する非主流の思想ということでした。

では、当時のインド社会における異端思想には、どういうものがあったのでしょうか。

これから述べようとしているインドの諸思想は、現代の今でも考えられているものです。人間が考えるものは、今も昔も、あまり変わってはいないのです。まして、インドや次の章で述べるギリシャの諸思想などは質的に高いものであったので、現代の今も、考察に値する思想であるのです。

なお、異端思想という表現は、悪い思想・考え方であるというイメージがありますが、そうではなく、主流ではなく非主流という意味でしかありません。

キリスト教世界で、正統（orthodox,catholic）と異端（haeresis）という表現がありますが、これは、カトリック教会という主流に対して、そうでない考え方を異端といったのであり、正邪・善悪ということではありません。

むろん、教えの正邪を問う場合もなきにしもありませんが、正邪・善悪が明らかにされねばならない場合は稀で、大体は、党派争い、人間の権力利害・損得・優劣・ねたみなどから来る主流・

非主流の争いであることが多いのです。

カトリック教会の異端審問所の設置（カトリック教会の前教皇ベネディクト16世は、ヨゼフ・ラッチンガーとして、異端審問所である検邪聖省長官として28年間在任していました）、異端裁判、魔女狩り、２０２０年現在の教団における社会問題をめぐる抗争などは、すぐれて人間的な問題から発しており、おおむね、信仰から発しているとはいえません。

■参考文献

ディンツィンガー『カトリック教会文書資料集』１９６５年原文　ジンママン監修　浜寛悟五郎訳　エンデルレ書店　１９７４年
カレン・アームストロング『神の歴史－ユダヤ教・キリスト教・イスラーム教全史』93年原文　高尾利数訳　柏書房　１９９５年
一条真也『ヤダヤ教・キリスト教・イスラム教－宗教衝突の深層』大和書房２００６年
堀米庸三『正統と異端』中央公論社　１９６４年
レオン・クリスティアニ『異端小史』金子賢之介訳　ドンボスコ社　１９５９年
フエルナン・ニール『異端カタリ派』渡辺昌美訳　白水社　１９７８年
ギー・テスタス／ジャン・テスタス『異端審問』安斎和雄訳　同　１９７４年
M・グラープマン『カトリック神学史』下宮守之・藤代幸一訳　創造社　１９７１年
R・メール他『プロテスタント－過去と未来』小林恵一・他訳　ヨルダン社　１９７９年
J・ダニエル他『カトリック－過去と未来』朝倉剛・他訳　１９８１年
イヴ・ブリュレ『カトリシズムとは何か』加藤隆訳　白水社　２００７年
ミシュレ『魔女』上・下　篠田浩一郎訳　岩波書店　１９８３年
水草修治『ニューエイジの罠』CLC出版　１９９３年
教皇庁『ニューエイジについてのキリスト教的考察』カトリック中央協議会　２００７年

森島恒雄『魔女狩り』岩波書店　1970年
クルト・バッシュビッツ『魔女と魔女裁判』川端豊彦・坂井洲二訳　法政大学出版局　1970年
ジャン・ミシェル・マルマン『魔女狩り』池上俊一・監修　創元社　1991年
W・ドルメッソン『教皇』橋口倫介訳　ドンボスコ社　1959年
カンペンハウゼン『古代キリスト教思想家1　ギリシャ教父』三小田敏雄訳　新教出版社　1963年
マックスウエル・スチュアート『ローマ教皇歴代誌』高橋正男訳　創元社　1999年
K・アーレティン『カトリシズムー教皇と近代世界』澤田昭夫訳　平凡社　1973年
ルナン『イエス伝』津田穣訳　原本　1863年　岩波書店　1941年　1992年版
同『パウロ』くつな錦吾訳　原本　1969年　人文書院　2004年

5　プーラナとパウダの異端

インド社会において、ヒンズー教の世界に対し公然と既存の道徳観念を否定したのは、プーラナ・カッサパでした。彼の道徳否定論は、まず、異端思想の第一に挙げられます。

プーラナの考え方は、当時の都市文化の爛熟と、それに伴う道徳頽廃の現象に対応するものであったのです。主流派のヒンズー教の正統的考え方とそれに伴う政治・経済的利害の分け前にあずかれなかった彼とその派の人々が、対抗して生き抜いていくために生起したものです。これは、いつの時代もそうですし、今の時代もそうです。

次に七要素説（パウダ）の異端があげられます。

パウダ・カッチャーヤナの考えは、当時、流行していた存在の構成要素である物質的な五元素（地・水・火・風・空）にアートマン（個我・我・呼吸・生命・精神原理）を加えた六要素説の考え方に対抗して、パウダの考えは七要素説として、提示されていったものでした。

それは、水・火・風・地の四元素と苦・楽と生命（霊魂）から、存在するものは構成されているという考え方です。

苦と楽というものを、個人的主観の属性あるいは様態とは考えないで、むしろ独立し実在する実体と解したのです。

これらの七つの要素は作られたものではなく、創造されたものでもなく、他のものを産み出すこともないとしたのです。

この考え方は霊魂を認めているので、純粋な唯物論または感覚論ではありませんが、著しく唯物論的であるが故に、道徳を否定するものであり、ブーラナや唯物論の行者アジタと軌を一にしていました。

仏教研究の第一人者・中村元《なかむらはじめ》博士は、仏教を説かれる時、まず、釈迦の仏教以前のインドの思想状況―ヒンズー教に対する諸異端に言及され、諸異端がなぜ生じたかを理解することが、仏教を理解する上で必然不可欠であることを、述べておられます（中村元『ブッダ伝』）ＮＨＫ出版、角川文庫版、１９９５年、２０１５年。中村元『原始仏教』ＮＨＫ出版　１９７０年。中村元・田辺祥二『ブッダの人と思想』ＮＨＫ出版　１９９８年）。

奈良康明《ならやすあき》教授も、『仏教１』（山川出版社　１９７９年）で、このことに言及されておられます。

人間の生き方・ありかたの実践への問いと、人間やこの世にある森羅万象・存在の起源を探求する問いは、人間が存在して以来、問われてきたものです。

文明の発祥したインドとギリシャにおいて、これらの問いが哲学として探求されてきたのは、さもありなんといえるでしょう。

6 「存在の起源への問い」と「死への怖れ」

私も、幼稚園から小学校低学年の頃に、夜の星を眺めると、これらの星はどうして在るのか、この世に存在している自然はどうして在るのか、自分はどうして息をしているのか、でもいつかこの世にはいなくなる、ということを考えていました。

やがて、小学校高学年になると、今、輝いている星は、ずっと以前何億光年も前になくなった星であることを、学校の理科で習いました。


その頃、昭和32~33年頃、宇宙への招待ブームが起こっていたことから、私も、宇宙少年になりました。火星が地球に近付いた時期もあり、地球と火星がぶつかったらどうなるのか、地球と月が衝突したらどうなるのか、ということを考えたこともありました。『月世界に行った地球人』『火星人』という言葉も流行しました。そういう題名の映画やテレビ・ドラマも製作され、漫画や小説も書かれ、読むのがとても楽しみでした。

小学生の自分は、地球と月、あるいは火星が衝突し、宇宙に放り出され、ぐるぐる宇宙を回っている夢を、よく見ました。小学生の時は、白黒であった夢が、映画が白黒から総天然色に変わったように、中学生になると天然色の夢に変わったこともありました。

私は、どこから来て、どこへいくんだろう？　夜、空を見上げ星を見ると、よく、そのことを思いました。

幼稚園児から小学生にかけて、隣に家族が寝ていても、寝ている自分の呼吸・息が、今はあるけれど、いつかなくなり死んでしまう。そうなると、自分は、どうなるのだろう、どこへ行くのだろうと考え、怖くなりました。死・存在がなくなることへの恐怖を意識したのです。

軍隊からの招集礼状が来たら、戦地へ行き戦死しなければならないので、どこへ逃げようか、天井か押入れの中かというふうに、幼いなりに考えたこともありました。

やがて、中学・高校時代になると、死への恐怖は、別のことを考えることにより、真正面から怖れに直撃されることはなくなりました。

しかし、死への恐怖がなくなったわけではありません。青年期、三十・四十・五十・六十代も、本能的に直観として、死の恐怖に襲われることがありました。そして、今、73歳になって、死がだんだん迫ってくる年齢になりました。

また、私は、子供の頃より、内面的なものを沈思黙考する性格がありましたが、それは、自分自身とこの世の存在の起源を問い、探求し続ける指向性をもたらせてきたように思います。

そしてそれは同時に、どう生きるべきかという生き方への探求と実践、人生観・人生論への追求となって、宗教的なものへの探求、そしてキリスト教との邂逅《かいこう》に至ったのです。

それは、人類の歴史においても、同じ軌跡を辿《たど》って来たように思うのです。

人類が発生して以来、文明の発祥地であるインドとギリシャで、共に、存在の起源と倫理実践（生き方・あり方）が問われ・探求されていたということは、不思議なことにも思われ、摂理（providence）にようにも思われるのです。

7　プーラナの道徳否定論の背景

話しを、戻しましょう。人間の生き方をめぐって、生起した釈迦の教えた生き方・仏教は、その母体となったバラモン（インド）教の教えを継承したものでした。

主流であるバラモン教に対し、異端とされた教えが、プーラナ（道徳否定論）やパウダの七要素説であったことは、先に述べた通りです。

中村元博士が、『原始仏教—その思想と生活』、『ブッダ伝—生涯と思想』において論述されている通り、バラモン教が、ガンジス河上流の北方地帯で起こったのに対し、南方には未開化の住民が住んでいたので、このような道徳否定論が生起したともいえます。宗教都市ベナレス、プラヤーガは北方にあって、そこでは有徳の生活がなされていたのです。

プーラナやパウダ、唯物論者の行者アジタなどの道徳否定論は、南方に生起しました。それは、当時の都市文化の爛熟及びそれに伴う道徳頽廃の現象に対応したものであったことは、前述した通りであり、中村博士も指摘しています（『原始仏教』）。

〈いかなることをしても、またなさしめようとも、苦しめようとも、生命を害しようとも、盗みを為そうとも、追剥《おいはぎ》になろうとも、他人の妻と通じようとも、これによって悪の生じることもなく悪の報いの来ることもない。施《ほどこ》しをしたり、祭礼をしたり、自己を制し、真実を語っても、これによって善の生じることも、報いの来ることもない〉（同書）。

プーラナの考え方の生起は、彼が奴隷階級出身であったということとも、関係しています。彼は、奴隷階級という被支配階級出身でありながら、その身分からくる制約に諦《あきら》めを持つことなく、自己の主張を表現する能力を持ち、追従者を産み出していったのです。

奴隷の身分であったにもかかわらず、能力があったので、その身分にとどまらず、主人のもとから逃亡し、裸形の行者となり、釈尊とその神通力を競い、敗れて、釈尊が悟りを開いてから16年目に、サーヴァンティの都市で水死したとも伝えられています。

身分階級という現実がいかなるものであろうとも、その運命や現実をいさぎよしとせず、この制約から脱皮し、自分の望む生き方・あり方、自分らしさを自己実現せんとする欲求（意志）とそれを実現させる能力や実力があるなら、制約を諦めずに、それを切り開いていくことが出来るのです。意志や能力・実力とは、独創性を持っていることと言い換えることが出来ましょう。

8 近代医学の先駆者パラケルススとプーラナ

それは、近代医学の先駆者といわれるパラケルスス（1493〜1541年）にもいえます。彼は、父が庶子《しょし》であったため、負い目から社会的要職に就けず、母は賤民（奴隷階級）出身で、精神病となり、彼が9歳の時に河に身を投げて死にました。パラケルススは、そういう環境に育ったのです。けれど、祖父が、闘争的で放浪性のある性格であったことが幸いし、闘争的で挑戦する性格が、彼に継承されていったのです。

人には、ハンディ（負い目）も負わされていると共に、ハンディを切り開く力も与えられているのです。1％であってもその可能性に賭けて試してみよう、挑戦してみようという気持ちもあるのです。アウシュビッツ収容所にいたフランクルのように、自己放棄せず、希望を持ち続けましょう。老いと病い、過去の失敗への負い目や挫折があっても、諦めないでください。

あなたは、どちらを選びますか…。

私は、ダメだと思える状況に何度も遭遇しました。そして、今もそうかもしれません。しかし、1％の可能性があるなら、その可能性に挑戦したいと思います。

挑戦してもうまくいかず、挫《くじ》けそうになるかもしれません。でも、諦めないでください。アウシュビッツ収容所にいたフランクルのように、自己放棄しないで、希望を持ち続けるなら、きっと生き抜くことが出来るのです。希望を持つことを失ったならおしまいです。

老いと病いの負い目、人生の失敗という負い目。挫折によって生きる希望が失われ、諦め、自己放棄を、あなたはしていきますか？　或いは、１％でも可能性を見つけ、或いは、１％の可能性を創り出して、生きようとしますか？　それは、あなた自身の選択にかかっているのです。

私自身、壮年の時には思ってもみなかった老いと、それに必然的に伴う病いに負い目を持つようになりました。73歳は、２０２０年の日本では、老年とはいえないかもしれませんが、養生を怠ってきたことから、身体の故障が急激にでてきています。70年前までは、「人生50年」といわれました。今は、80代の寿命とはいっても、健康寿命はまた別です。自然の生命力と共に、神の導きによる生命力を信じて生きることも、大切だと感じています。

自然の生命力は限界を持ちますが、神の創造力には、限りがありません。

人間自身が、生きる可能性、生き切ろうとする可能性を放棄しないかぎり、神の生命力はなくならず、新しく創造され続けていくのです。

身体的に衰えていこうとも、失敗・挫折により精神的に衰えていこうとも、聖書にあるように、〈「外なる人」は衰えてゆくとしても、わたしたちの「内なる人」は日々新たにされてゆきます。〉（コリントの信徒への手紙二４章16節）、神により、また、造り替えられ・創造され続いていくのです。そう、私は、信じます。

可能性があるということは、実は、「可能性」という神の愛が、存在しているということなのでは、ないでしょうか。可能性（possibility）は、神が存在しているということの証しです。その可能性を信じられること、それが、神を信じるということではないでしょうか。

パラケルススの父の不利な境遇と母の低い身分は、彼の伝統的身分制度への厳しい批判を、だんだんと形造らせていきました。

彼に与えられていた優れた能力や実力は、やがて、伝統的で体制的医学への反撥を生じさせるに至らせていったのです。

彼の医学は新しい医学を形成させ、宗教改革を行なったルターになぞらえて、近代医学のルター（改革者）と呼ばれるまでになっていきました。

人は、ひけめや抑圧されている感情を持っていても、性格と能力が前向きで強固な意志力を伴わせて優れたＩＱ（知能）を持ち発揮しているならば、ひけめや抑圧された制約を乗り越え、変革（イノベーション）させていくことが出来るのです。プーラナとパラケルススは、その模範（モデル）といえましょう。

パラケルススは、病気の原因について5つの病因説を提示し、これまでの医学界の病因説に新説を投げかけ、治療法も新規に多く開拓していきました。新規の薬物療法、錬金術に基づく鉱物療法、精神病の科学的療法等を行っていったのです。

優れたパラケルススの医学は、抜きん出ていました。天から賦与された能力と祖父譲りの闘争心・進取の気性（積極性）が、飽くなき医療への革新を生み出させ、近代医学を構築させるに至らせたのです。

しかし、急進的に改革を進めさせたことと彼の独善的な強い性格が災いして、医学界から反撥を生じさせ、彼に放浪の生活を余儀なくさせました。

　現状への批判的態度と体制に対する反骨精神が、彼を野に追いやり、社会的には、成功者とさせずじまいに終わりました（カール・ユング『パラケルスス論』みすず書房 原 1942年 邦訳 1992年、大橋博司『パラケルススの生涯と思想』思索社 1976年、種村季弘『パラケルススの世界』青土社 1977年、K・アルトアンマー『パラケルスス―自然と啓示』みすず書房 原本 1953年 邦訳 1986年が、パラケルススの研究書として、知られています）。


　プーラナとパラケルススには、不利な出身階級の出というハンディがありました。しかし、それを乗り越えさせる能力があり、思想家として追随者を生んでいったのですね。

　プーラナは、世間一般で美徳として賞賛されているものを否認しました。彼は、善悪の区別は人間が定めたものであり、真実においては善悪の区別は実在しないものであり、業《ごう》に対する応報もあり得ないと考え、道徳観念を否定したのです（中村元『原始仏教』）。

　存在するものの七要素説を唱えたパウダも、道徳観念の否定を提唱しました。「世の中には殺すものも殺さしめるものもなく、何人も何人の生命を奪うこともない」と述べ、道徳を否定したのです（同書）。

「地・水・火・風という四元素と苦・楽と生命（霊魂）は与えられたものでもなく、創造されたものでもなく、他のものを産み出すこともなく、動揺せず、変化せず、互いに他を損なうこともない」（同書）。

　これらの考え方は、存在するものの構成要素である元素と人間の感覚とを混在させて捉えています。

善悪の別が、人間によって定められたものという考え方は、19世紀にキリスト教を批判した無神論者ニーチェ（1844～1900年）によっても提唱されました。そのニーチェの考えの基礎には、既得利権を持つ体制としてのキリスト教会と教会を擁護する教義の欺瞞を明らかにし、真のキリスト教を打ち立てようとしたところにありました。

9　宿命論と唯物論者アジタ

異端の教えには、また、「宿命論」または「決定論」を説いたゴーサーラと唯物論の行者アジタの説を挙げることもできます。

ゴーサーラは、生けるものを構成しているものを、霊魂・地・水・火・風・虚空・得・失・苦・楽・生・死としました。霊魂も物体のように考え、唯物的に捉えたのです。霊魂も原子のようにみなしていたのです。

さらに彼は人間のみならず一切の生けるものの運命に関して、「宿命論（決定論）」に立っていました。生きとし生けるものが輪廻を続けているのは、「無因無縁」である。

彼が清らかになるのも解脱《げだつ》するのも「無因無縁」である。彼らの生存状態は、自分が作り出すのでもなく、他のものが作り出すのでもなく、彼らに「支配力」も「意志の力」もなく、「運命」と「出会い」と「本性」に支配されている、と説いたのです。

「必然論」と「偶然論」は、仏教によってもジャイナ教によっても否認されましたが、世界を支配する主宰神がすべてを支配するという考え方も、道徳を破壊するものとして排斥されました。西洋においては、神は「道徳の成立する根拠」と考えられていますが、「必然論」と「偶然論」においては、神は、「人間の自由意志に基づく道徳を破壊するもの」と考えられるようになったのです。

プーラナに見られる道徳否定論は、哲学的には唯物論によって基礎づけられます。アジタによると、「人間が死ぬと、何も残らない。現世も来世も存在せず、善業・悪業をやっても、因果応報はない。祭礼も道の人（沙門）もバラモンも存在しない」と主張したのです。

真理をありのままに認識することは不可能という「不可知論」や「懐疑論」も現われ、その代表者となったのはサンジャヤという人物です。

これらの思想には、「存在しているものの起源や宇宙を探求すること」と、「人間の生き方の探求」が、重なって解明されています。それは、両者が不可分のものであることを、示唆させているのです。ギリシャ思想と、軌を一にしています。

中国思想にも「天・地・人はひとつ」という考え方が見られます。医学における「気」が身体と精神、双方に繋がりを持っているという捉え方も、「ものの起源への探求」と「人間の生き方の探求」を統合（ホリスティック）せんとするものといえるのではないでしょうか。

プーラナ、アジタ、ゴーサーラらの諸説が、主流であるバラモン教への異端という形で現れた時、時を同じくして、中国にも諸子百家、ギリシャにも諸哲学の生起という現象が起こっていたのです。不思議ですね。

第３章　ギリシャ哲学と中国の諸子百家

１　ギリシャ哲学における探求

仏教の成立期にバラモン教という主流の思想に対応して、「存在するものの起源を解明する探求」と「人間の生き方についての探求」をめぐり、プーラナをはじめとする様々な考え方が生起したように、ギリシャと中国においても、同じ時期にさまざまな思索がなされ探求されていました。

著名な哲学者であった唯神論的実存主義者カール・ヤスパース（１８８３〜１９６９年）は、紀元前５世紀から４世紀にかけて、世界に釈迦（前５６５〜４８５年あるいは前４６３〜３８３年）・ジャイナ教の開祖ヴァルダマーナ（前４４４〜４７２年）、インドのウパニシャッド哲学者たち、孔子（前５５１〜４７９年）・老子（前４世紀頃）・孟子（前３７２〜２８９年）、諸子百家たち、ギリシャのソクラテス（前４６９〜３９９年）・プラトン（前４２７〜３４７年）、アリストテレス（前３８４〜３２２年）等の聖人が出現したことを指摘し、これを枢軸時代（ドイツ語 Achsenxeit、英語 Aziae age）と呼びました。

さらに、紀元前8世紀から前2世紀に幅を拡げて、イスラエルのイザヤ、エレミヤ、イラン（ペルシャ）のゾロアスター教の創始者ザラスシュトラ等を加えています。彼らは、人生探求の教師であったのです。

宗教史家カレン・アームストロング（1945年〜）女史は、『大変革』という著作において、17世紀から20世紀にかけて、第二の枢軸時代を迎え、ニュートン（1643〜1727年）、フロイド（1856〜1939年）、アインシュタイン（1879〜1955年）などを輩出するようになったことを指摘しています。

存在するものの起源を尋ねる探求と人間のあり方・生き方を探求することは、世界の四大文明地において、同じ時期に、それぞれ探求されていたのですね。

ギリシャのヘシオドス（紀元前8世紀）は、支配階級の上層の貴族階級に虐げられた農民や庶民の辛苦した苦痛を解決し脱出させてくれるゼウス（神）の正義を求め、正義の実現を希望する考え方を提示しました。

神々のように安楽に暮らし、死ぬときは眠るがごとくであり、労働の必要もなく、老いの惨めさもない支配階級の人々。道義が頽廃し、友に親しむことなく、親の面倒もみず、神を恐れない世相。善良な者が恵まれず、邪悪な者がもてはやされ、正義は権力にあるとする当時のギリシャを、ヘシオドスは厭世観をもって論じ、被支配階級の立場からの要求を、正義の擁護者とされる神（ゼウス）に求めたのです。

著作『神統記』は、世界が神によって開闢《かいびゃく》されたことを述べた世界最初の哲学的宇宙論であると共に、正義を神に求めた思索であったともいえます。

ギリシャ思想には、悲劇の著作も多く残されています。それは、人間の生き方には、「多くの破局と不幸」があるからです。ここには、罪を犯すものは、必ず応報を受けねばならないという「因果応報」の倫理があります。

ギリシャには、倫理思想を神話の形にしたもの、叙事詩にしたものがあります。ホメロス（前9世紀）の『イリアス』『オデュッセイ』は、死すべき運命にある人間が、この世の苦悩と悲哀を経験しながら、それを乗り越え、現実を強く明るく知恵を用いて、倫理徳を持って生きる姿が映し出されています。

盲目の吟詠詩人ホメロスの思想は、仏教やキリスト教における「苦しみや不幸をどう捉え、それを乗り越えるか」という課題への、スタートをなさせたものといえましょう。

ギリシャ悲劇における倫理思想を表現したものには、アイスキュロス（前525〜456年）とソフォクレス（前497〜406年）の著作が知られています。

ソフォクレスの『オイディプス』は、父を殺し、実の母と結婚するという神託を受けた子供が成長して、それを現実のこととした悲劇が描かれています。この物語を通して、因果応報の倫理が、叙述されているのです。

この思想は、仏教にもユダヤ教やキリスト教にも継承されています

■参考文献
ラダクリシュナン『世界の人間論＝Ｉ章 ギリシャ思想における人間論』学陽書房　１９７８年
稲田正次・監修『社会科全資料集』令文社　１９６４年
加藤信朗『ギリシャ哲学史』東大出版会　１９９６年
古東哲明『現代思想としてのギリシャ哲学』筑摩書房　２００５年

２

ギリシャ思想における「存在の根源への問い・探求」とキリスト教の聖トマス・アクイナスの「答え」

「存在の根源への問い・探求（quaerens,quaeit）」は、キリスト教のカテキズム（キリスト教公要理）を大成させた聖トマス・アクイナス（１２２５～１２７４年）の『神学大全』（１２６０年）によって、一応の完成をみましたが、この探求は、２０２０年の今も、問い続けられ探求されています。

本書『医療から見たキリスト教と仏教の究極に在るもの』は、仏教とキリスト教を解明するために書かれましたが、「存在の根源を尋ねる探求」と「存在の生き方・あり方」をめぐる世界文明の発祥地に生起した思索を紹介しているうちに、かかる思索に興味を持ち学びはじめた十代後半（高校生＝１９６０年後半）から二十代はじめ（大学生＝１９７０年前半）の時のことを思い出しました。

同時に、それから五十年を経て、いろいろな学びと経験を経た２０２０年の今、どう自分の思索が進められて来たのかを、振り返ってみたいという思いを持つようになりました。

若いときに、はじめて触れたギリシャ思想、中国思想、キリスト教思想、仏教思想は、五十年を経た今、どのように捉えられるようになって来ているのか、と。

五十年前に、問いであったこれらの思想への探求は、今、その探求の答えを、キリスト教思想の中に見出しています。

ギリシャ思想の「存在の根源への探求」と「人間の生き方・あり方への探求」の答えは、キリスト教の中に、今、解答が見い出されているのです。

聖トマスの『神学大全』の中には、この答えが示されています。「存在の根源は神に由来する。神は存在の第一原因であり、無限（人間は有限で制約を負っているが、神は無限）、偏在（いつでも、いかなる場所においても存在）し、永遠である。而《しか》して、神は善の源であり、真理であり、正義であり、生命である」（第一部）

ギリシャ哲学、インド哲学、中国思想が問いを発した諸問題の探求の答えは、かかる聖トマスの教えの中に、答えが見い出されたのです。

3　苦しみ（苦難）はどうしてあるのか

と同時に、むろん、未解決の答えもあります。

それは、善そのものである神が有るのに、どうして悪・不正義・苦しみ・不幸・悲惨が生じたか、そして今もなお生じているのか、という問いです。ヘブル語（旧約）聖書においては、『ヨブ記』

の中に、苦難の意味が問われています。

また、善と愛の源である神が存在しているのに、神の選民であるユダヤ人が二千年間、国を失い迫害され続け、ナチ・ヒットラーによって、600万人のユダヤ人が虐殺されていったのは何故でしょうか。

現代フランスのユダヤ人哲学者シモーヌ・ヴェイユ（1909～43年）は、『神を待ちのぞむ』（1942年）などの著作の中で、人間の苦しみ（苦難）と不幸の意味を問いかけました。

アメリカ在住のユダヤ教ラビ（教師）ハロルド・クシュナー（1935年～）は、自分の息子が三歳で早老病になり十四歳で死んだことを、著作『善人に苦難が起こる時―現代のヨブ記』（1981年）で語り、苦難の意味を問いかけました。

答えは、〈息子は死んだが、自身の著作を通して、多くの人々と、その苦しみを分かち合うことが出来た〉ということでした。


私は、今、人間の苦難は、仏教徒にもキリスト教徒にも、無神論者にも、共通していると思っています。

苦難の解決方法は、宗教や思想によって違っていても、苦しみそのものは、共通しているように思うのです。

病人の治療法そのものには、仏教徒にもキリスト教徒にも、無神論者にも、共通しているのは、自明の理です。

4 ギリシャ思想・自然哲学者の「存在の根源への探求」

さて、ギリシャ思想における「存在するものの根源への探求」に話しを戻しましょう。

「存在するものの根源を問う探求」は、現代において、ビッグ・バンや日本にも来日したドイツの物理学者ハイゼルベルグ（1901〜76年）の素粒子の存在の提示、それをさらに進めた原子物質を想定する考え方、さらにミトコンドリアの発見（生命の起源を生化学ミトコンドリアの発生に置く考え方）等へと、歩を進ませています（参考資料：黒岩常祥『ミトコンドリアはどこからきたか』NHK出版　2001年、ローレンス・クラウス『宇宙が始まる前には何があったのか』文芸春秋　2017年）。

このような「存在するものへの探求」の由来は、実は、ギリシャの自然哲学者ミレトス学派のタレス（前624〜546年）、アナクシマンドロス（前611〜547年）、ピュタゴラス（前570〜497年）、ヘラクレイトス（前523〜475年）、多元論者のデモクリトス（前460〜370年）などの思索に依拠しています。

タレスは、すべて存在するものの源は水である、と説きました。アナクシマンドロスは、無限定なものを万物の根源としたのです。それは、「寒」「暖」「乾」「湿」です。無限定なものが万物の根源であると同時に、万物に秩序を与える正義でもあったのです。

全体の秩序を犯すということが不正・不正義でした。自然は常に調和を保っていなければならないと、彼は考えたのです。

従って、現実の事物が正義を犯した時、自然の掟に従って罰せられ消滅すると、ギリシャ人たちは考えていました。ポリス（ギリシャの都市国家）も、自然の秩序を犯せば罰せられ消滅する、と考えたのです。

２０２０年現在の正義と、紀元前5世紀のギリシャの時代の正義とは違っていますね。紀元前5世紀には、人間社会の正義と宇宙の秩序が、まだホリスティック（統合的）に、考えられていたのです。しかし、現在では違います。

ピュタゴラスは、万物の秩序を追求しました。天体の運動も数の法則によりなされていると説き、万物は数より成ると論じました。

「ピタゴラスの定理」など三角形・長方形・直角三角形などに関する数学の定理を、彼が論じ、それが現代の今も、数学の教科書に用いられていることは、みなさんご承知の通りです。

ヘラクレイトスは、俗世間や先人の教えに満足できず、孤高の道を歩みました。変転極まりないこの世界の実相を問題とし、「万物は流転する」、一切は生成変化し固定することはない、と世界存在を捉えたのです。

事物が固定しているように見えるのは仮の姿であって、実は相対《あいたい》するものが同時に存在していて、ただ一時的に統一を保っているにすぎない。対立と抗争こそ、一切の生成変化の原動力であると、彼は考えたのです。

しかし、かかる対立と抗争、そして、それに基づく生成変化は無秩序になされているのではなく、その根底には、永遠に変わることのない理法（ロゴス Logos）があり、このロゴスにより、世界は絶えざる変化があるにもかかわらず調和を保っている、と。そして、このロゴスを捉えるのが、理性の働きである、そう彼は説いたのです。

5 ヘラクレイトスの探求と答えから導かれるもの

ギリシャ思想は、「愛智（sophia）」「理性（gnosis）」の思想と称されています。これと対比された思想が、「啓示（revelation）」「信仰（pistes）」の思想であるヘブル（ユダヤ）・キリスト教思想です。

ヘラクレイトスは、対立と抗争により、それを止揚してより高いものを産み出していく弁証法の創始者である、と後に哲学者ヘーゲル（1770〜1831年）から評されています。

「万物は流転する」という考え方は、日本の鴨長明《かものちょうめい》（1153〜1216年）の『方丈記』にある「行く川の流れは絶えずして、しかも元の水にあらず。よどみに浮かぶ泡《うたかた》はかつ生じ結びて、とどまりたるためしなし」の表現で現されています。

これは、旧約（ヘブル語）聖書『ソロモンの伝道之書』の「空なるかな。空なるかな。すべて空なるかな。日の下に人の労するもろもろの働きは、その身に何の益かあらん。世は去り世は来る。地はとこしえに保つ也《なり》。日は出で日は入り、またその出し処にあへぎゆくなり。―先にありしものは、又、後にあるべし。先になりしことは、また後に成るべし。日の下に新しきものあらざるなり。（I章1～9節）」に対応しています。

『方丈記』の思想は、日本的無常感によって貫かれています。無常に関するインドと中国における仏教の捉え方には、「アニジャン」というサンスクリット語「万物は移り変わる」という事実を述べているにすぎないのですが、日本語の「無常」には、「儚《はかな》い」とか「淋しい」という情的意味が加えられているのです。

『伝道之書』の「無常」は、世と地の変転は虚《むな》（空）しい、ゆえに変転しないもの、神（ヤーヴェ・エホバ）を信じていく」という方向に指向していくのです。

日本の『方丈記』の「無常」は、情的・抒情的・感情的で、「理性 sophia」でも「啓示 revelation」でもありません。

インド・バラモン教の「輪廻転生（サンサーラ）」の思想と釈迦の「無常（アニジャン）」の思想は、理の考え方―ヘラクレイトスの「万物は流転する」とする唯物論的思想―に、近いかもしれません。

神という啓示・信仰の思想を持ち出してこなければ、すべては、「理」―「唯物論」「科学」の思想―に行き着くのではないでしょうか。

しかし、21世紀の現代、釈迦入滅後二千五百年・イエス・キリスト死後二千年を経た今、仏教もキリスト教も、さらにユダヤ教においても、理・科学と啓示・信仰両方を統合させ、宗教を存続させていくように、なってきているのではないでしょうか。

６　デモクリトスとアインシュタイン

エンペドクレスやアナサゴラスが、「万物の根源たる元素は、不変不動で生命なきもの」ととらえた考え方を、デモクリトスはさらに発展させ、「無限に多くの根源物質を考え、これをアトム（原子）と名付けた」のです。しかし、その原子が、結合したり分離したりしながら、運動を繰り返し、世界を生成させている究極的原因は解明されていないのです。特に、人間の精神的動き――愛憎・理性などの関係は、解明されずじまいなのです。

デモクリトスは、「自然生成の根源への問い」と共に、「倫理的諸問題」についても考察しています。人間の幸福・心の平和などについて、考察したのです。ギリシャ哲学は、「事物の存在の起源を探求する」と共に、併せて、「存在の意味をも探求していた」のですね。

デモクリトスの探求は、それから二千四百年経った今に続けられていますが、未だに解明されてはいません。

真理とは、何でしょうか？

真理とは、「存在する事物の根源」と「存在の生き方・在り方」の両面において、その「探求の答えを得る」ということに他なりません。

ユダヤ人であった物理学者アインシュタイン（1879〜1955年）が、神ヤーヴェを信じると共に、事物の起源にアトム（原子）を置く唯物論者であり、かつ、その両方を統合させようとした方向こそ、2020年におけるかかる問題の探求とその結論ではないでしょうか。

7　ギリシャ哲学と中国思想、そしてキリスト教思想

「存在する事物の根源への探求」と「人間の生き方・あり方の探求」は、古代ギリシャ・ヘレニズム世界においては、ソクラテス（前470〜399年）、プラトン（前427〜347年）、アリストテレス（前384〜322年）によって大成されました。

その後、エピクロス（前341〜270年）、ストア派のゼノン（前336〜264年）、懐疑派の思想家たちを経て、ギリシャ哲学とユダヤ思想の統合をはかったユダヤ人のフィロン（前25〜後50年）などを輩出させ、ギリシャ哲学はユダヤ教・キリスト教の系譜へと道を譲ることになります。

「存在する事物の起源を尋ねる探求」と「存在の生き方・あり方の探求」は、以後の世界史においては、キリスト教世界を主流として、論じられることになっていくのです。

西洋の動きに対して、東洋ではインドと並んで、同時代に、中国の諸子百家が輩出しています。彼らの教説は、21世紀の共産主義中国ではどう捉えられ、現代中国社会の現実の姿（実相）はどうなっているのでしょうか。

共産主義の現実は、スターリン（1879～1953年）と毛沢東（1893～1976年）という指導者によって、自国民五千万の粛清・虐殺という姿を現実に生起させています。

民主主義（denocracy）も、ワイマール憲法下での独裁者の民主的手続きによって、ナチス・ヒットラー（1889～1945年）を生み出しています。民主主義（democracy）的手続きによって、ヒットラー独裁政治は、生み出されたということなのです。民主主義そのものは良いものであっても、それがヒットラー独裁を生じさせてもいるということ、記憶にとめておかねばなりません。

ユン・チアン（1952年～）の千五百万部の大ベストセラー『マオー誰も知らなかった毛沢東』（1997年）『ワイルド・スワン』（1991年）は、共産主義の実際の事実を伝えています。もちろん、中国国内では、これらの書は出版禁止になっているのは、いうまでもありません。

共産主義国家ソ連におけるスターリン批判は、1956年党20回大会でフルシチョフによりなされ、以後、次々とスターリン批判がなされるに至りました（志水速雄『フルシチョフ秘密報告「スターリン批判」』講談社 1977年、バーナード・バットン『スターリンーその秘められた生涯』講談社 1989年）。

ギリシャ哲学（ヘレニズム文化）の「理性」とユダヤ啓示思想（ヘブライズム）の信仰が統合されて西欧キリスト教思想が形成されるに至りました。

とはいえ、形成され・確立された正統・主流のキリスト教には、常に、分派も生じてきました。これは、自然の法則かもしれません。それは、人間の考えには「可能性」が多種多様あり、多元的でもあるからです。
「存在する事物の根源の探求」と「存在のあり方・生き方が探求されている」ゆえに、正統・主流があリつつ、分派もまた、存続しているのではないでしょうか。従って、正統・主流と分派があること、両立していることは、良いことなのです。

共産主義も、スターリンの考え方があるのなら、反スターリンであるケレンスキー（1881～1970年）、トロッキー（1879～1940年）の考え方があってもよいのかもしれません。考え方が違うということを、豊かさ・より多い実りと捉えるか、悪と捉え、権力を握った主流派による弾圧を行使するべきと捉えるか。違いを尊重し共存させていくか、違いをなくし一元化させるため取り締まるか、その判断は難しいところです。

中国においては、儒教を説いた孔子（前552～479年）、性善説の孟子（前390～306年）、性悪説の荀子（前320～230年）、愛の平等無差別を説いた兼愛の墨子（前5～4世紀）、法による政治の統治を説いた韓非子（?～前233年）、無為自然の生き方と神仙思想（道教）を説いた老子（不明）・荘子（前370～290年）が、諸子百家として知られています。中国においては、ある時代に、これら諸子百家の思想が認められ、共存していたこともあったのです。漢民族でなく異民族である満州族王朝・清朝は、代々、漢民族の儒教を奉じて国の教えとしてきたのです。
儒教は、以後、宋の時代に新儒教といわれる朱子（1130～1200年）の朱子儒学、明の時代に王陽明（1472〜1528年）の陽明儒学が生起しています。

これらの思想は、「存在の事物の起源を探求する」ものというより、「存在の生き方・あり方を探求した」ものといえましょう。


ギリシャ人は、真理・善・美・理性（知）・民主主義などを価値ある存在の生き方・倫理としました。中国人は、孔子の儒教を共産中国の前の二千三百年にわたって、倫理の基本としてきました。今2020年、中国にはマルクス主義の社会主義の理想も実現されておらず、儒教の倫理も実現されていない経済利益だけを重視する物質中心の礼儀と哲学・精神文化のない国となっています。今の中国を見たら孔子は、どう思うでしょうか。

孔子は、人間らしい生き方とは、仁（キリスト教の愛と同義語）を行なうことである、と述べました。

8　キリスト教の中の正統、主流と分派、異端

キリスト教が成立した時にも、正統・主流キリスト教と非主流となったキリスト教の別があったのです。それは、イエスの教えがユダヤ教の中でどう捉えられていたか、ということからも、知られます。

当時のユダヤ教の中にも、さまざまな分派があったことは、至極　当然であったことといえましょう。釈迦の仏教が成立する際に、インドの正統・主流の宗教思想であったバラモン教に対す

る異端が多くあったことと同様とのことでした。つまり、教え・思想に多種多様・多元性があるのは、自然のことであり、良いことであるということです。

昭和初年に26歳の若さで死んだ童謡仏教詩人金子《かねこ》みすず（1903～30年）が言った「みんな違ってみんないい」ということなのです。違いは、自然なのですから。

しかし、政治的なものや利害関係が入ると、「みんな違ってみんないい」ということにはなりません。多様な思想の中から、多数となる教えを正統とし、主流派とさせようとします。その正統派・多数派が決めた教えは正しいとされ、その教えに従わなければ悪とされます。「魔女」「異端者」（heretic）とされ、正統派が公権力・軍事力をもっているなら、違反者は処罰され弾圧されることになります。

政治の世界では、主流派に対する非主流派は、スターリンや毛沢東、そして日本共産党の主流派の非主流派への粛清に見られるように、処罰・虐殺されることになるのです。

キリスト教が成立する時代には、ユダヤ教の中には、主流派であるサドカイ派（体制派・伝統的特権を持つ司祭階級）、パリサイ派（厳格にモーセの律法《トーラ》を遵守しようとする律法主義者。パウロもはじめ属していた）が、ありました。

そして、少数派である熱心党（ゼロータイともいう。ユダヤの政治的独立を望む狂信的集団）、エッセネ派（修道的生き方を求めた集団。1世紀末に四千人いたと推定されます。クムラン教団が有名です。イエスも洗礼者ヨハネも、この集団に一時属していたともいわれます）、グノーシス的（知的）考え方のグループなどが、見られたのです。

そして、少数派であったナザレのイエス・キリスト教団が、やがて、キリスト教として発展していくことになるのです。キリスト教が、二千年も継続し、滅亡していないというのは、何か普遍的なもの、真理があるからでしょうか。それは、仏教にも、イスラム教にも、いえるのです。

第4章　バラモン教と仏教

①　バラモン教

仏教の背景をなしたのは、インドの土着宗教であったバラモン（インド・ヒンズー）教です。『世界宗教史叢書 7 仏教 1』（山川出版社 1979年）において仏教学者・奈良康明教授は、バラモン教には、特別な教義はなく、皮膚の色の差異に基づく四つの姓（ヴァルナ）と身分に基づくカースト制度という政治的な体制とインドの文化・習慣・風土が混合した多種多様な雑多な要素が組み合わされて成立したものである、と述べています（同書）。

同じ山川出版社から刊行されている『世界宗教史叢書 6』において、仏教研究の第一人者・中村元博士が、『ヒンズー教史』（1979年）を執筆されていますが、ここにおいて、奈良教授と同様の見解を述べられています（同書）。

信じる神は、シヴァ神、ヴィシュヌ神など多岐にわたり、どの神を信じてもよく、しかし、その背後には唯一絶対の存在が想定されているのです。

創造神としてはブラフマン（梵天）が受け持ち、創造されたものを維持するヴィシュヌ神、破壊するシヴァ神が考えられ、異なった神は機能の違いと捉えられ、結局は、同一の神に行き着いているのです。「真実は一つ」という思想と宗教的寛容さは、両立しています。

これは、ユダヤ教・キリスト教・イスラム教の唯一神の絶対的存在性、排他性と、著しく対照をなしているといえましょう。

ヒンズー教は、ユダヤ教・キリスト教の一元的価値観に基づく宗教とは対極にあり、日本における神道と仏教が混合し共存して構成されてきた宗教文化とよく似ています。

インドも日本も、アジアという共通した文化にあり、ユダヤ・キリスト教という西洋的一元的価値観を持つ文化とは、なじみが薄いのかもしれません。日本にキリスト教文化が、適応しにくかった理由が、ここにあるのかもしれません。

日本の本来的ありかた、古代から八百万の神々と自然が人間と共存して生活し、平和をつくり出してきたという風土と、一元的価値観に基づき、自然と対立して生活してきた西洋風土とは、違っているのです（一元的宗教の危険性については、近年、橋爪大三郎と佐藤優が『あぶない一神教』（小学館　２０１５年）の中で、指摘しています）。

インドでは、仏教もイスラム教もキリスト教も、ヒンズー教の寛容さと多様性の中に、呑み込まれ、存在を保たせてきたのです。

2 西郷隆盛の神格化・一元化とヒンズー教の多元化

日本の神道的風土の中にも、そういうところがあります。神仏混合、儒教との共存、日本的キリスト教と神仏との共存も、日本の風土・多元化的風土と関係しています。日本におけるキリスト教受容のかんばしくない結果の原因は、日本の多元的社会風土を、無理に一元的にさせようとしたところに、あったのかもしれません。

日本において、明治維新政府が文明開化を進め西洋化を強制的にはかろうとし、「廃仏毀釈」を行なって、日本人になじんでいた神仏混合の文化を破壊し、それまで日本統合の象徴であった天皇制を政治的体制に組み入れ政治の道具とし、天皇制護持のための国家神道を人為的に創造し、価値の一元化を計ろうとしたことは、さまざまな軋轢《あつれき》を生じさせてきたのです。

日本人に「西郷どん」という呼称で親しまれている国民的英雄・西郷隆盛を、創《つく》り出したのも、明治維新政府でした。

その西郷隆盛を、明治政府によって創り出された虚像であるとして、西郷像を徹底的に批判したのが、原田伊織《はらだいおり》『明治維新という過ち・完結編―虚像の西郷隆盛』（講談社 2018年）でした。彼は、吉田松陰も長州のテロリストでしかなかったと述べています（『明治維新という過ち―日本を滅ぼした吉田松陰と長州テロリスト』講談社 2017年）。

西郷と明治維新の功臣たちを育てた吉田松陰を、ならず者同様に扱った原田氏の考察には、徳川幕府ひいきの所が見られますが、薩長の明治維新政府が、多元的価値をより合わせた寄り合い所帯であったことは確かです。ビジョン（理念・政策）によって、新日本の政権を樹立したのではなく、権謀術数《けんぼうじゅっすう》と軍事力によってでした。それは、いつの時代もそうです。しかし、そこに、日本人は、理想の人格を持つ人物・西郷隆盛を創っておきたかったのです。事実とは違っても、フィクションとして創っておきたかったんでしょう。

ヒンズー教は、仏教、イスラム教、キリスト教の影響を受けましたが、インド社会をそれらの宗教による一元化支配に譲り渡すことなく、緩やかなインド式四千年の伝統生活様式・文化を保持させています。これは、どうして可能になったのでしょうか。

釈迦も、インド独立の父といわれたマハトマ・ガンディ（１８６９〜１９４８年）も、インドの偉人として尊敬されていますが、神ではありません。つまり、何が何でも、絶対正しいというわけではないのです。

しかし、日本では、戦前は、明治天皇、東郷平八郎などを現人神《あらひとがみ》、軍神として捉え、祭りあげ、西郷隆盛も西南戦争で賊軍になったにもかかわらず、英雄視され、一部では神格化され捉えられています。

日本人はまじめ・勤勉という性格があり、これが、それなりに功なしとげた人を尊敬するということと、関係していますす。空海・法然・日蓮・蓮如を尊敬していますが、日本人すべてが、そうしているわけではありません。外国人のマザー・テレサを、一般の人々も尊敬していますが、関心を持ち続け、信仰の対象としているわけではありません。宗教の教祖を、信者たちは絶対視していますが、日本人すべてがそうしているわけではありません。
仏教や神道の釈迦・天照大神を、絶対神として、日本人みなが、生き方の絶対的支えとしているわけではないのです。

しかし、欧米ではイエス・キリストは、信仰の対象・生き方のささえなのです。イスラム教圏の人々にとって、アッラーは絶対であり、創始者マホメットは絶対なのです。すべてのものの創造主であり、ものの起源の源であり、人間の生き方の源、生活様式の源なのです。これが、一元的の意味です。

ヒンズー教、及び日本の神道的文化・生活様式は、一元論ではなく、多様性を認め・寛容であり、善悪を一元的に判断せず、共生に向っていこうとします。

つまり、存在していることが良いのであり、存在肯定の教えといえるのです。

しかし、そこには、身分差別・階級の不平等もあり、自然に出来ていったものとして、肯定するのです。

そのヒンズー教のインドは、英国の植民地となり、独立後も経済的にはずっと後進国でした。
日本は、違います。自然宗教神道、または神・仏・儒の習合を奉じながらも、西洋キリスト教文明・文化をバック・ボーンとする叡智を吸収・発展させたがゆえに、先進国となり、先進国となり続けたのです。
つまり、多様性を認める寛容さを持ちながら、それだけでは、優れたものを生み出せないがゆえに、一元的なものも受容・推進し緊張関係を生起させてきたのです。これが日本人のアイデンティティ（ユニークさ・独自性）だったのではないでしょうか。

西郷隆盛に好感を持つ人が多く、西郷どんを神格化している人々がいるといっても、それはすべての日本人がそうだというわけではありません。聖徳太子（５７４〜６２２年）も、同じです。
しかし、キリスト教におけるイエス・キリストや仏教の釈迦は、それらの宗教を信じている国々の大部分の人々が、イエスや釈迦を信じ、生き方の支えとしているのです。
薩長の明治政府が進めた欧米崇拝一元化の政策が、今日の日本の矛盾を主じさせたことを、指摘しています
太平洋戦争後に、日本がアメリカ式民主主義（デモクラシー）を、一元的に絶対化して採用したことによって、２０２０年現在に見られる多くの矛盾が生起してくるようになったことも、然りです。

インドでは、すべての動き・出来事は、ヒンズー教の世界の中のこととして理解され説明されています。
バラモン（ヒンズー）教は仏教をヒンズー教の中の一分派と捉え、釈迦を、ヴィシュヌ神の９番目の生まれ変わりの権化と捉えてもいるのです。

これは、ユダヤ教がキリスト教を、始めはユダヤ教の一分派と見做《みな》していたことに、対応しているかもしれません。

しかし、キリスト教は、イエスをキリスト（救い主）と捉え、ユダヤ教はそれを認めていませんから、同じ流れの宗教とは言えないでしょう。

釈迦の仏教は、ヒンズー教のカースト制・身分差別を否定しています。

また、アンベードカル（1891～1956年）のネオ・ブッディスト（新仏教徒）の流れも、カースト制度の否定を一層強化させているので、ヒンズー教の一分派とはいえなくなっているかもしれません。

しかし、ヒンズー教側では、釈迦の仏教もアンベードカルの新仏教も、ヒンズー教の一派と見なし、取り囲んでいるのです。

3　日本人とヒンズー（バラモン）教

日本人は、輪廻や業・因果応報の教えを、仏教のものだと受け止めていますが、これは間違いです。それらの教えは、バラモン（ヒンズー）教の教えであって、釈迦は、むしろ、それを否定し、新しい人間の生き方を説いたのです。

バラモン（ヒンズー）教の、なんでもありで雑多な宗教的なものを受け入れる寛容さは、日本人が持っている神道的寛容さに似ています。

明治時代に天皇制を政治的に護持するため、国家神道となった一時期を除いて、日本において神道が持っていた「日本人の心―大和心《やまとごころ》」と、ヒンズー教の「多様性を統合させる寛容さ―多神教のメカニズム」は、似ているように思います。

国学者・本居宣長《もとおりのりなが》（１７３０〜１８０１年）が表現した「明き清き心」「真心《まごころ》」と、インド人の「真実は一つ」とは、軌を一にしているのかもしれません。

日本の風土・自然と、それが産み出した日本人のまじめさ、勤勉さ、誠実さが、日本教とでもいえる神道を形成させたのです。

バラモン教も、これに、似ています。バラモン教がインド教といわれるゆえんです。

爾来《じらい》、インド人は物事を深く考え、思索する国民であったといわれています。哲学的思索、宗教的思索は、世界文明の発祥地の一つであるインダス文明により生じたのです。

古代ギリシャ人の起源を探求する思索と、人間・社会の生き方・あり方を探求する思索は、バラモン（ヒンズー、インド）教の教えの中に、あったのです。

これは、アーリア系インド人・非アーリア人である古代インド人の別なく、インドに見られました。

仏教の教えは、バラモン教の「輪廻転生」の教えを否定した所から、始まったとされていますが、むしろ、継承・発展させたものということもできます。

4　輪廻転生（サンサーラ）・梵我一如

バラモン教では、宇宙最高の原理である梵（ブラフマン）と、個人の中心である我（アートマン）が、同一不二であるとする梵我一如の考え方が、用いられています。

これは、自然と人間は、調和していると説く日本人の考え方と、軌を同じくしています。中国の「天地」の間に「人」があると説く考え方にも、通じています。

砂漠という厳しい自然から生まれたユダヤ教・キリスト教・イスラム教における唯一の絶対神をおく宗教とは、違っています。絶対神をおく宗教では、神は創造主・人間は被造物であり、はっきり区別されているのです。対立しています。

輪廻転生（サンサーラ）は、人間はどこからきてどこへいくのかという、人間とものの起源を探求する思索が産み出した、一つの考え方です。存在するものは、すべて生と死を繰り返し、永遠に継続していくと考えることにより、この世界の存在・成り立ちと生死を説明したのです。

そこに、人間の生き方・あり方という業《ごう》（カルマ）を関係させることによって、良い生き方をしたものは、また人間に生まれ変わり、悪い生き方をしたものは、ゴキブリなどの下等動物になって生まれ変わる、という輪廻転生の教えをもたらしたのです。この教えは、21世紀のインド人の中にも強く刻み込まれています。

釈迦は、カースト制度という政治階級制度の連鎖を断ち切るために、輪廻転生の教えを否定し、四階級を否定し人間の平等を説きました。ここに、革命思想としての釈迦の仏教の新しさ・革新性があります。

5　苦しみからの解放―ヒンズー教とアンベードカル

インド（バラモン・ヒンズー）教は、梵我一如を指向し、それに到達することを、悟りとしていますが、釈迦の仏教は、生老病死などの苦しみから救われることを、悟り（涅槃＝ニルヴァナ）としています。

不可触賤民（アンタッチャブル）であったアンベードカル（１８９１～１９５６年）は、はじめヒンズー教の世界の体制の中で、カーストを改革し不可触賤民の廃止・解放を考え、行動してきました。しかし、インド独立の父といわれた偉大なマハトマ・ガンディ（１８６９～１９４８年）さえも、バラモンのカーストを擁護するヒンズー（バラモン）体制維持者であり、英米大学院に留学した博士でありネール首相によってインドの司法大臣に任命されていても不可触賤民である自分を軽蔑したことに、アンベードカルは失望し、遂に、ヒンズー教を棄て、50万のアンタッチャブルと共に仏教に改宗したのです。

アンベードカルとその後継者・日本人僧侶佐々井《ささい》秀嶺《しゅうれい》（１９３５年～）については、以下の書で、紹介・詳述されています。

アンベードカル『ブッダとそのダンマ』山際素男訳　光文社　2004年
ダナンジャイ・キール『アンベードカルの生涯』山際素男訳　光文社　2005年
山際素男『破天ーインド仏教徒の頂点に立つ日本人』光文社　2008年
佐々井秀嶺『求道者』サンガ　2015年
高山龍智・佐々井秀嶺 巻頭言『インドによみがえる本来の仏教ー反骨のブッダ』コスモス　2018年

アンベードカルの仏教は、カーストを否定する政治的解放運動でもあったのです。身分差別を否定する政治的意図、そこに、仏教に改宗したアンベードカルの狙いはありました。釈迦の生老病死という実存的苦しみからの救い・悟りを得る動機とは、異なっていました。そこに、ネオ・ブッディスト（新仏教徒）と称されるゆえんもあったのです。

『仏教 I』（山川出版）において奈良康明教授は、新仏教徒は釈迦の仏教とは著しく性格を異にするものとなったと述べています（同書）。

とはいえ、ネオ・ブッティズムも、ヒンズー教という土壌から出てきたという点においては、なんでもありのヒンズー世界のうちの宗教に位置づけられます。

仏教と同じ頃成立したジャイナ教、16世紀にイスラム教とヒンズー教の影響下に成立したシーク教と、ネオ・ブッティズムとは、軌を一にしているともいえるのです。

紀元前7世紀から6世紀に出現したツァラトゥストラ（ゾロアスター）を開祖としたゾロアスター教は、ペルシャ（イラン）に生起した宗教ですが、現在の信徒数十万五千人のうち、七万五千人はインドに住み、ペルシャには一万五千人が住んでいます。ペルシャから中国に、５世紀から８世紀にかけて移動していったといわれています。

ゾロアスター教の神は光明で満たす存在であり、不死にして聖なる存在であり、真理と正義・秩序である神々を従えています。これらに対比されるのが、虚偽と不正・破壊活動である悪魔の神（アンラ・マンユ）の働きで、これを行なう人々は地獄へ行きます。

悪は善の欠如・または堕落したものとは捉えられず、はじめから対立したものと捉えられています。この世を、善悪の対立したものとしているのです。救いは善を行なうことです。

宗教的風土を持つインドには、かくのごとく、諸宗教が混在していたのです。ヒンズー教は、カーストという政治・社会的制度と、インド社会・文化・風俗・習慣・倫理がミックス・統合されたものといえましょう。

６　ヒンズー教の中で仏教が強調したもの

なんでもありの宗教ヒンズー教の中で、釈迦の仏教が強調したものは何であったでしょうか。

それは、人生観・世界観を「一切皆苦」と認識することでした。プロテスタントの著名な神学者・高尾利数《たかおとしかず》（１９３０〜２０１９年）先生が責任者となって編集された『世界の宗教』（自由国民社２０１４年）の仏教についての項目において、仏教の教えが簡潔明快に説明されています。

「釈尊（釈迦）は、俗世の快楽的生活の身が、人生の目的ではないことを警告した。人生をよく見る時、それは「苦」であると説いたのである。

この場合、注意しなければならないのは、ここにいう「苦」とは、決して感覚上、心理上の「苦しみ」「痛み」をいうのではなく、すべてこの世のものごとは、人為的なものであれ、自然なものであれ、有限であり、相対的である、という動かし難い事実を指しているのである（一切皆苦）。花はやがて散る。人はやがて老いる。そして必ず死ぬ。これが人生の事実である（諸行無常）。ものは、すべて原因と条件（因と縁）によって、この世に現われる。すなわち「因縁《いんねん》生起（縁起）」が、宇宙の森羅万象すべての性格なのであって、そこには何ら永続すべき実体はない（諸法無我）」。

この動かし難い事実を体現するとき、我々は苦しむべき何の理由もなくなる。

花は散るもよし、咲くもよし。人は若きもよし、老いもよし。努力して良心に従って生きた結果、富貴を得るも因縁、下積みで終わるのも因縁である。その理をわきまえず苦しむのは「我執」である。我執を去れば、そこには煩悩の消え去った涅槃（ニルヴァナ・止滅・滅度、迷いが吹き消され、迷いが消失すること）と、静かな境地が自ずから得られ、悟りの境地が得られる（涅槃寂静《ねはんじゃくじょう》）」（同書）。

「以上の四つの教え、「一切皆苦」「諸行無常」「諸法無我」「涅槃寂静」の四法印の底にあるのは「縁起」である。すべてのものは、自立自存するのではなく、因と縁とによって生起している。

釈迦は、縁起説を「四諦説」として説いた。まず、宇宙・人間には一つとして、恒常なものはない。それにもかかわらず、我々は恒常であろうと欲して執着し、ここに苦しみが生じる。「苦という真実」「苦諦《くたい》」である。

次に、ではなぜ、ものは恒常ではなく人は苦しむのかといえば、すべてのものには不変の実体はなく、相倚《よ》り相扶《たす》けて、一つのものとして生じ、かつ滅するからであることを認識していないからである。すなわち「縁起」の法によって仮の姿を現し、ものとして集合していることを、認識していないからである。すべてのものに不変の実体はなく、相倚り相扶け、一つのものとして生じ、かつ滅すことを「集まる真実」「集諦《じったい》」という。

この理を覚れば、何も迷うところがなくなり、静寂な喜びとやすらぎが訪れる。これを迷いの滅した真実「滅諦《めったい》」という」（同書）。

「最後に、そこに到るための方法が説かれる。これが、「方法の真実」「道諦《どうたい》」である。

さとりを得るための方法論、それが、「八正道」である。それは、日常的な倫理（正）と宗教的な至境（聖）との一致を目指すものであり、正しくものを見、正しく考え、正しい心の安定を得、自己と他者の救い・成仏を求め、自己に執着せず、自由で慈悲に充ちた心を持つことである」（同書）。

7　ヒンズー教、仏教、キリスト教の救いの実践方法

悟り（涅槃寂静＝ニルヴァナ）を得るための方法は、「瞑想」や「祈り」によって可能です。

昭和33年、野球の神様といわれた巨人軍・背番号16の川上哲治選手（１９２０〜２０１３年）が現役を引退するにあたり、禅寺で座禅修行をして生路を選定したことは、つとに知られています。

それは、私が小学校6年生の時で、川上選手の禅修行による生路選定の生き方には、心ひかれるものがありました。

釈迦も、苦行という修行を6年間続けた後、ブッダガヤーのアシヴァッタ（菩提樹）の下で、瞑想を行ない、悟りを開き、覚者になられたのです。ウルヴェーラーのネーランジャー河の岸辺で瞑想を行ない悟った内容は、仏教研究の第一人者・中村元博士『ブッダ伝―生涯と思想』（NHK出版 角川書店 1995年・2015年版）に、わかりやすく詳述されています。

私が6年間生活した仏教国タイ、その国の高僧として敬愛されたブッダダーサ（1916～1993年）、共産党に抵抗したため、今も帰国が許されていないヴェトナム人僧侶ティック・ナット・ハーン（1926年～）などは、救いの実践方法としての瞑想を実践し、伝道として瞑想運動を推進しました。彼は、ノーベル平和賞候補にも挙げられたのです。

ヒンズー（インド・バラモン）教による救いとは、梵我一如（世界・自然と個人との一致）にありました。ユダヤ教やキリスト教でも、神のみ心と被造物である人間の心の一致が救いとされています。中国思想でも、「天・人・地を一とさせる」という考え方がいわれています。ギリシャ哲学でも、自然・神々・真理と人間との一致が指向されているのです。

釈迦は「生老病死」という、人間の実存的生の現実にある苦しみからの救いを探求し、その救いを見つけました。それが、涅槃（ニルヴァナ）という悟りの実相でした。それは、人間の努力によって達成されるものです。

この点、ユダヤ教やキリスト教とは異なっています。ユダヤ教やキリスト教は、徹頭徹尾、神の恩寵（恵み gratia）によって救われると説くからです。

しかしながら、ユダヤ教やキリスト教にも、自己と世界・社会の救いを、人間個人の努力（自由意志）によって切り開いていくという側面がみられます。

逆に、仏教にも、ユダヤ教やキリスト教における恩寵の考え方、法然や親鸞が強調したように「仏の慈悲により、すべては救われていく」という側面が見られるのです。

人間が、四千年あるいは五千年探求し続けてきた「宗教」の探求への道は、２０２０年の21世紀の今日、諸宗教を統合する実存のありかたへと向かっているのではないでしょうか。

それは、仏教とキリスト教が統一するということではなく、それぞれがその独自性や独創性を保ち存続させながら、より独自性や独創性を明瞭にさせ、共存・共生していくという形を取っていくように思われるのです。

第5章　仏教の教えとその展開

1　サンスクリット語における仏教用語

釈迦が用いた、仏教のサンスクリット語の用語を紹介したいと思います。これらの用語の中に、仏教の考え方が示されているのです。

この章は、仏教国タイで生活していた6年間の生活体験と研究研鑽を基礎として、日本に帰国した後に、キリスト教世界の動きや世界の宗教界の動向を踏まえながら書いたものです。

仏教用語には、次のようなサンスクリット語から来る用語があります。

クレサ……煩悩、執着、原因の連鎖をさかのぼる
パラニャー……智慧＝真の認識
モクシャ……解脱、中道…快楽主義と禁欲主義を排し中道を歩む
シーラー……行や戒律に従って行動する、自己訓練
サマディ……定、黙想、瞑想

アビデヤ……無明、迷妄、錯誤
アートマン……自我
ダゥッカ……苦悩の発生、苦悩の消去、苦悩の消去への道、正しい道、
アニチャ（アニジャン）……無常、因縁、
カルマ……業
ニルヴァァナ……涅槃、彼岸、悟り
メーター……慈悲
カルナー……他者が災難や苦しみに遭うことの無いように願うこと
ウベカー……事に当たって中庸（バランスのあること）の態度を維持し、平静な心の状態・態度を保ち、出来事そのものとの間に距離を保つこと
ムティター……他者が幸いであることを、共に喜ぶこと
これらは、四無量心といわれ、仏教の教えの中心とされています。

タイの小学校から教えられている仏教の教えとは
一、悪い事をしない
二、よいことをする
三、こころをよくすること
です。これは、人の道でもあるのです。

２０１９年11月、ローマ教皇フランシスコの来日に先立って訪問された微笑の国・仏教国タイは、フランシスコ教皇の生き方を受容している国でもあると思います。

ダンマ……ダルマ、悟りの道、人の道に到る法・方法
パンニャー……パラニャー（智慧＝真の認識）、シーラー（仏教の戒律）を守り行い、サマディー（瞑想）の訓練を経た後に獲得される悟りを得るための智慧。この知恵を得ることによって涅槃は完成される

マーラー……悪魔
サティ……気付き
プロイワン……手放す

これらの言葉を、サマディ（瞑想）したいですね。

＊この文は、一九九六年出版した『ニルヴァナ（救い）への道－小乗仏教とキリスト教』（アサンプション大学 掲載の文）に加筆したものです。

2　仏教の教えの中心にあるもの——仏心を受け容れる

私は、１９９４年から２０００年まで、仏教国タイで生活をしていました。カトリック大学で、日本経済や文化、日本語を教えながら、仏教国の生活と慣習に接し、仏教とは何かを感じさせられました。

釈迦の創立した仏教は、インドではヒンズー教の一部とみなされていることは、本論で先に述べた通りです。釈迦は、ヒンズー教の維持神ヴィシュヌの七番目の化身として尊敬されているのです。釈迦は、ヒンズー教のサンサーラ（輪廻）の考え方と政治制度であるカーストによる身分制度を否定したがゆえに、インドでは根を下ろさず、中国・韓国・チベット・ベトナム・スリランカ・ビルマ・タイ・カンボジア・日本に根を下ろしていくことになりました。

その仏教も、個人の修業による救いを強調するヒナ・ヤーナ（小乗仏教）と、布教によりすべての人を救うことを強調するマハ・ヤーナ（大乗仏教）に分かれていきました。ヒナ・ヤーナは、上座部仏教《じょうざぶぶっきょう》として、スリランカ・タイ・ビルマなどで、継承されてきました。ヒナ・ヤーナとマハ・ヤーナの違いは、仏教の発展過程で生起したものであって、それほど明確な相違はありません。どちらも、仏教の布教・伝道を目指していることに変わりはありません。

タイでは、高僧といわれたアジャン・チャー（１９１８〜９２年）、ブッダダーサ（１９０６〜９３

年）の教えが普及しており、人々の仏教への帰依は、生活の中に浸透しています。男子は一生に一度は、誰でも得度（僧侶）となることが法律で定められ、ほとんどの子供は得度式を行います。スリランカやカンボジア・ビルマも同じです。

タイの平和を保たせた平和の象徴・ラーマ9世国王（タイ名プミポン1927～2016年 在位1946～2016年）も、得度と兵役に一般人と同じように服されました。

私が、タイにいた時、有名なクワイガー河の近くにあるワット（寺）で、外国人観光客が殺害されるという事件が起こりました。

タイは、国民すべての男子が一度は得度して僧侶になることが、法律によって決められていますから、有名なワットに来る観光客の接待をする僧侶がこの役を割り当てられていたのです。終身僧侶になることを誓ったものではなく、義務で僧侶になり2～3年で義務を果たせば還俗する僧侶だったのです。俗世にあった時の誘惑で金品に心が奪われ、殺人強盗を犯したのです。

マスコミは、殺されたのが西洋の外国人ということもあって、どうして、このような僧侶をワットは得度させ、観光客の接待係りにしたのかと、このワットの責任者の責任を糾明しました。

それに対してサンガ（僧侶教団）の責任者は、「この僧侶は、得度する前に前科を持っていました。しかし、過去に前科を犯していても、仏心を起して得度しようとする心を持ったのなら、無条件にこれを受け入れるのは、仏のみ心である。ただ、ワットでの奉仕が、その人にふさわしいかどうかを、これからよく検討しなければならない」と答えたのです。

すばらしいサンガの責任者の考えだと思います。殺人を犯した僧侶は、国法にのっとり、死刑

になったとも聞いています。（２０１８年度　東京国際仏教塾　提出論文に加筆したものです）

3 小乗（ヒナ・ヤーナ、南方仏教、上座部仏教）から大乗（マハ・ヤーナ）へ

釈迦の教えは没後４００〜５００年して、生老病死の苦悩から、個人が修行によって悟りに至る救いの道を求める阿羅漢（覚りを開いた者）になるだけでなく、衆生の救いを目指す伝道の道を求めることへと変遷していきました。これは、仏教の救いが修行者（出家する僧侶）だけでなく、在俗者にももたらされるようにという要求が、必然的に生起したことによります。

ここに仏教が、個人の安心立命を求める修業宗教から、全ての救いを求める人々を救う、大乗（救いのための大きな乗り物）という方向へと向かっていったことが知られます。

この重点の変更は、一仏信仰から、多仏信仰へと変わっていくことをもたらしたのです。それは、釈迦が、サンマ（ダルマ）という真理に至る法・道すじを生きることによって、救い・悟り・覚者となるという教えを説いたのに対し、真理を求めた釈迦そのものを救い主とし、礼拝する信仰対象とする道へと、道を開かせることになったのです。

真理の法（ダルマ、ダンマ）ではなく、人間ゴーダマ・シッダルタ（釈迦）が、神のようなブッダ（覚ったもの・覚者）となり、信仰対象となったのです。

ここから、釈迦のお骨をおさめる仏塔が三十塔、五十塔と建てられ、仏像も毘盧遮那仏、大日

如来などが建てられ、釈迦の複数の個性を強調する多様なブッダを生じさせ、ブッダになる以前の悟りを求める者、すなわち、菩薩を生んだのです。
弥勒（マイトレイヤー）、月光、日光、観音、文殊、地蔵、普賢、薬師などがこれです。日本の、中宮寺の弥勒菩薩、薬師寺のいわれはここからくるのです。

これは、一神教と異にする、多神教的表現法といえましょう。仏教を生んだヒンズー教の多神教の影響といえます。日本の神道の多神教と類似しています。

このような仏教の捉え方は、キリスト教にも、通じるものがあります。真理を説いたイエスが、礼拝の対象となり、イコンや壮大な神殿たる大聖堂で礼拝されるようになっていくのは、人間のなす現実の傾向なのかもしれません。

釈迦は、育ったヒンズー教の輪廻転生（サンサーラ）の世界からの解脱をはかり、ニルヴァナ（涅槃）に至ることを求め、厳しい修業を重ね、戒律を守り、生老病死、愛別離苦などの煩悩から離脱して、悟りを開く覚者となることを目指し、阿羅漢・ブッダ（悟りを開いた者）となったのです。

こうして出家者釈迦は、一仏として崇敬されるに至ったのです。

しかし、出家して修業者とならないと、悟りを開き涅槃に入ることは、できないのでしょうか。
また、他者を救うということは、釈迦の仏教が自己の解脱を目指しているがゆえにできないことになるのでしょうか。これらの問いかけに答えるものとして起こったのが、大乗仏教であったのです。

解脱がただの人間に望むべくものでないのであれば、いっそ解脱して悟りを開いた人ゴーダマ（釈迦）を拝んでいくことにすればいいのではないか、という解決策が考えられたのです。

これも、大乗仏教を成立させる出発点となったのです。日本において、98歳の瀬戸内寂聴《せとうちじゃくちょう》（1922年～）さんのように、尼僧として出家した人もあれば、得度しても87歳の今もなお現役の実業家として、在家の仏教徒として活躍している京セラの稲盛和夫《いなもりかずお》（1932年～）さんのような方もおられるのです。

釈迦は悟りを開いてから、自らを如来と称されましたが、それは法（ダルマ・真理）と一体化したという意味です。上座部仏教では、阿羅漢と呼ばれます。ブッダの目覚めた真理やその教えそのものが、ブッダという聖なる方への信仰心へ繋がって、大乗仏教の三身説、一仏の世界から、多仏の世界への変質を生んでいったのです。

大乗特有の教えとして、三身説があります。これは、ブッダの教え（ダルマ・法）こそがブッダの本質であるから、「法身」という解釈に道を開かせます。

それは、歴史的存在であるブッダを超え、ブッダの永遠性を確立すると同時に、現実の世界に現われる複数のブッダを想定する可能性にも、道を開かせたのです。

様々な衆生を救済するため、時や場所や機根《きこん》に応じて現われる「応身」という捉え方に、道を開かせたのです。

また、ブッダになるための行を積み、その報いとしての完全な功徳を備えた「報身」という仏身論、いわゆる三身説へと道を開かせたといえましょう。

今は亡きブッダから、現前するブッダ（仏塔）、さらには、世界の存在する複数の個性的ブッダへと発展していったブッダ観の変化が、大乗仏教が起こる直接的契機を生んだといえるのです。（2018年度　東京国際仏教塾　提出論文に加筆したものです）

4　仏教が世界宗教となった所以

初期の仏教徒は、亡くなった釈迦のお骨（仏舎利）を拝み、それを祀《まつ》った塔を信仰や礼拝の中心としたのです。これが、五十の塔、三十の塔となり、ビルマのパゴタとなっていったのです。しかし、仏教の大衆化が進むにつれて、塔は境内の外に出るようになり、塔の信仰上に占める位置が低下していき、代わりに信仰や礼拝の対象として、仏教・菩薩が登場してきたというわけです。

菩薩とは、如来（悟りを得たもの・覚者）になる前の、真理を求め続ける存在のことをいいます。これが、自ら修行して悟りを求めながらも同時に大衆を救済する「上求菩薩」「下化衆生」として理想化され、諸菩薩を生ましめたのです。釈迦如来における文殊菩薩、阿弥陀如来における観音菩薩、薬師如来における日光菩薩・月光菩薩というように。

大乗では、誰でも菩薩になれることを強調します。生きとし生けるものは、悟りへの希求（菩提心）を起すことによって、菩薩となります。世のため、人のために、慈悲と利他を実践し、進んで悟りの真理に基づいて、現実社会の浄土化に努める生き方、これが大乗仏教の特性に他なりません。

諸仏・諸菩薩の多様化は、また、同時に、諸経典の成立をもたらしています。般若経をはじめとして、六波羅蜜・維摩経・法華経・華厳経・浄土信仰の阿弥陀経・無量寿経・密教の大日経・金剛経・タントラなどです。

信仰・礼拝の対象の多様化は、実り豊かな大乗仏教の遺産を生み、さらなる発展への道を進めさせているのです。

（2018年度　東京国際仏教塾　提出論文に加筆したものです）

■参考文献

渡辺章吾『般若心経』大法輪閣　2015年
奈良康明『佛教史　1』山川出版社　1979年
末木文美士『日本仏教史』新潮社　1992年

5 日本仏教の現代的意義

（1）――ローマ教皇フランシスコ来日の波紋

カトリック教会では、２０１９年12月1日から待降節に入ります。

昨年の待降節の時、教皇フランシスコは「いつも目覚めていなさい」という聖書の言葉を、自分の事だけを考え自己完結だけをする生き方から、つねに周りの出来事や他者の事に心を向け、目覚める生き方、関わっていく生き方がイエスの言葉の意味であると説教されました。「Man for others」（他者の為に生きる人間）これが、キリスト者であると。

２０１９年11月23日から25日まで、ローマ教皇フランシスコが来日され、長崎・広島・東京を訪れ、カトリックのイメージを日本人に知らせました。

教皇が来日され長崎でミサを行われた日は、『王たるキリスト』の主日でした。キリストが王であり、キリストの代理者であるローマ教皇がカトリック教会の王である、とはどういう意味なのでしょうか。人を支配し、権力や経済力・身分において王であるという意味なのでしょうか。

そうではありません。人に仕える王、代表者・象徴ということなのです。人のハンディ・引け目・苦悩・罪・弱さ・十字架を担う王ということなのです。苦しみや十字架を共に担い、寄り添う（コンパッション）生き方をするということです。

83歳の老教皇は、足をひきずりながらミサを捧げ、沢山の会衆に手を振ってあいさつを交わされていました。超過密スケジュールをこなされていました。

今回の来日で、現教皇フランシスコの生きざまや人格・人柄を通して、カトリックの教えや生き方を印象づけたと思います。

マザー・テレサ（１９１０～９７年）が来日した１９８２年、フランシスコ教皇と同じように、貧しい人や弱い立場の人と共に寄り添い共感していく姿を、現実に見せてくれたように思いますが、今回来日のフランシスコ教皇の姿や態度、人々への接し方、笑顔、そして彼のスピーチ（メッセージ）によって、寄り添い・共感する姿勢が知らされたのではないかと思います。

83歳の教皇（１９３６年～在位２０１３年～）が強調されたことは、苦しんでいる人と共に苦しみ、十字架を担い、新しく出発していく生き方をすること、そして、どんな生命をも大切にしていく生き方をしていくことでした。

広島を訪れ原爆で亡くなった人々を慰霊した時、教皇は、核兵器の保有による抑止力として平和を保つことではなく、核兵器廃絶による平和の実現を強調されました。

過去に犯された過ちを覚え憎しみを持ち続ける生き方でなく、許し合う生き方こそが新しく生きる生き方、福音の生き方であることを語られたのです。それは宗教者というよりも、真の人間の生き方ではないかと思います。

個人レベルの和解や許し合いと、国家や民族間の和解・許し合い、双方を教皇は語られたのです。

ゆるし合い・和解・平和を創り上げていくこと、これはキリスト教の目指す目的であり、すべての思想やイズム（主義）・宗教が究極的に目指す目的であるのだと思います。

愛や慈悲とは、平和を創り出すこと、和解し合うことではないでしょうか。

今、あなたは相手をゆるしているでしょうか？　何度でも、無条件に何回でもゆるす生き方を、教皇は繰り返し語られています。

今年の聖週間の洗足式の時、フランシスコ教皇はキリスト者だけではなく、イスラム教徒や仏教徒の足も洗われました。これは、キリスト教神学からいっておかしいと、カトリックの保守派からはいわれるかもしれませんが、人を救うため回心し人間としての新しい生き方を教えられ、仕える者の生き方に徹せられたイエスの姿を示すものといえましょう。

聖霊は、キリスト者だけでなく仏教徒やイスラム教徒、無神論といわれる人にも注がれていると述べられた教皇の観点は、「すべての人間の救い」にあったことは明らかでしょう。

（2）――宗教としての仏教

「他者の為に生きる人間」が、キリスト教の創始者イエスの生き方やキリスト教の特徴であるとするなら、仏教の特徴は何でしょうか。

仏教には、自己の救い（悟り）のための修行という側面と、衆生の救いや他者を助けるという側面の両方があります。

これは、小乗仏教（ヒナヤーナ・上座部仏教・南伝仏教）と大乗仏教（マハヤーナ・北伝仏教）の別を生じさせたことからも知られます。

釈迦の創設した仏教は、釈迦が育ったインドのヒンズー教の輪廻転生（サンサーラ）の世界から脱却し、悟りを開き（アラハン）、涅槃（ニルヴァナ）を得ることが目指されていたのです。

そのために、苦行などの厳しい修業を重ね、戒律を守り、生老病死や愛別離苦などの煩悩から離脱し、悟りを開き覚者になることが求められていたのです。同時に、そこには、そのような生き方にふさわしい生活形態や出家という生活様式も要求されていたのです。釈迦はこのようにしてブッダ（仏陀）・覚者となったのです。

しかし、果たして、出家をしないと悟りを開き涅槃に入り、救いを得られないのでしょうか。又、仏教が真理（ダンマ）を探求し、自己の解脱や救いだけを目指しているゆえ、他者を救うことはできないことなのでしょうか。

仏教や宗教には、衆生を救いたいという生き方、出家という形を取らず在家のまま救いを求めたいという生き方もあります。それに、「ただ阿弥陀仏が救ってくださると信じることによって人は救われる（他力本願）」と信じたい心が加えられ、大乗仏教が起こったのです。

仏教にもキリスト教にも、真理の探求や神の探求のために厳しい修業をするという面と、愛や慈悲を実践することにより、他者を助け奉仕する生き方を願う面があるのです。

出家して修業に励む釈迦やチベット僧侶、日本の空海（７７４～８３５年）、比叡山に延暦寺を建立し修業僧院教団（サンガ）を成立させた最澄（７６７～８２２年）の天台宗、道元（１２００～５３年）の禅宗、カトリック・ベネディクト修道院及びそれに連なるシトー会トラピスト修道院の生き方は前者に当たり、行基（８６８～７４９年）やマザー・テレサ（１９１９～９７年）は後者に当たります。

宗教には、修業などの自力本願によるのではなく、ただ仏の憐みに寄りすがり、念仏（キリスト教においては、神の称名《しょうみょう》）を唱えれば救われると願い、そのように説く面が強くあります。源信（９４２～１０１７年）、法然（１１３３～１２１２年）、親鸞（１１７３～１２６２年）、一遍（１２３９～８９年）などが説いた浄土信仰への願いがこれであったのです。

キリスト教でいえば、神の絶対恩寵を説くカトリックの教えが、これに当たっているといえましょう。

（３）――仏教の歴史的展開

宗教としての仏教は、精神的側面だけではなく、政治的道具としての役割も、日本の歴史の中で果たしてきました。飛鳥時代における蘇我氏と物部氏の権力闘争の道具として、また織田信長と本願寺勢力との政治抗争として。

キリシタン禁教による檀家制度、明治政府による廃仏毀釈なども、政治的宗教政策のもたらしたものといえます。

（4）――現代における仏教の意義

では、２０１９年現在の仏教の現代的意義とは、いかなるものでしょうか…。

今、書店に行くと精神世界と銘打たれているスピリチュアル・コーナーが、あります。そこには、既存の仏教やキリスト教・神道などの宗教には属さない精神世界の本が置かれています。丸山《まるやま》（美輪）明宏《あきひろ》、細木数子《ほそきかずこ》、仏教講演者・高橋信次《たかはししんじ》やその娘の高橋佳子《たかはしけいこ》、幸福の科学総裁・大川隆法《おおかわりゅうほう》、成長の家の谷口雅春《たにぐちまさはる》、霊能者・江原啓之《えはらひろゆき》などの本です。

そして、神秘主義の流れをくむインマヌエル・スエデンボルグ、ルドルフ・シュタイナー、エドガー・ケーシー、ジョセフ・マーフィーなどの本。彼らは、キリスト教圏の人々ですが、異端とされているのです。

これらの人々の何が、現代人の心を惹きつけているのかといえば、それは、既存の教団に属さず、教義に囚われず、自由自在に宗教的なもの・精神世界を求め、部分的にであっても、真理を示しているからではないでしょうか。感情・感覚に訴えかけていることも、その理由です。

現在日蓮宗は、創価学会、世界平和会議（WCRP）を設立したオルガナイザー庭野日敬《にわのにっきょう》（1906〜1999年）に率いられてきた立正佼成会、霊能者小谷美喜《こたにみき》の霊友会などに分かれています。小谷美喜（1971年没）の甥・久保継成《くぼつぐなり》は霊友会を現代的若者の宗教とするために、インナー・トリップという方式を採用し、教団の現代化・若返りをはかったことは記憶に新しいところです。

現代日本の仏教界というと、鈴木大拙《すずきたいせつ》や大森曹玄《おおもりそうげん》・山田無文《やまだむもん》・松原泰道《まつばらたいどう》・沢木興道《さわきこうどう》・内山興正《うちやまこうしょう》・紀野一義《きのかずよし》などが著名な高僧として知られていましたが、2019年現在、得度した作家・瀬戸内寂聴（1922年〜）が98歳の高齢で2つの寺の住職を兼ねていることや、得度しながら在家の信徒として活躍している京セラ創立者の稲盛和夫（1932年〜）は特筆に値します。

仏教の現代的意義として、前にも述べたインドのアーベドガルとその後継者・佐々井秀嶺《ささいしゅうれい》による新仏教の提唱は、日本の仏教界にも波紋を投げかけています。小池龍之介《こいけりゅうのすけ》・枡野俊明《ますのしゅんみょう》など若手僧侶による、日常生活とつなげた仏教の提示は、現代日本の仏教に新しい方向性を提示しているように思います。

例えば、枡野和尚は『上手な心の守り方』で、禅の心をこう述べています。「自分を大切にするとは、自分で自分を忙しくしない。空白の時間を作る」「自分の限界を体で覚える」「一人で抱え込まない」。心をすり減らさないためのコツは、「相手を変えようとしない、相手の事情を思いやる、厄介な人は相手にしない、姿勢と呼吸を整える、よく笑う人になる」。そして、「落ち込んでもいい、でも早く立ち直る」「心配事の9割は起こらない」「人は皆平等に苦しい」「病気になってこそ気楽に生きる」「結果をあせらない」。

（２０１８年度東京国際仏教塾に提出した論文に、ローマ法王来日の記事を加え大幅に加筆したものです）

■参考文献

カトリック新聞『教皇来日２０１９年12月１・12・８号』
『教皇フランシスコ講話集６』中央協議会　２０１９年
末木文美士『日本仏教史』新潮社
井沢元彦『逆説の日本史６ 鎌倉仏教と元寇』小学館
五木寛之『はじめての親鸞』新潮社
八木誠一『仏教とキリスト教の接点』法蔵館
日野原重明・瀬戸内寂聴『いのち、生ききる』光文社　２００２年
庭野日敬『この道』佼成出版社　１９９９年
　同　『法華経のこころ』同　２００６年 ２０１２年版
クラーク・ストランド『創価学会と世界宗教の誕生』第三文明社　２０１１年
佐藤優・松岡幹夫『創価学会を語る』同　２０１５年
S・コビィ・稲盛和夫『運をつかむ習慣』プレジデント２０１１年８月15号　プレジデント社　２０１１年
瀬戸内寂聴・小池龍之介・スマナサラ・曽野綾子『ブッダと聖書のことば』プレジデント社　２０１１年
高尾利数『世界の宗教』自由国民社　２０１４年
アンベードガル『ブッダとそのダンマ』山際素男訳　光文社　２００４年版（１９５６年死後に出版された）
タナンジャイ・キール『アンベードガル』山際素男訳　光文社　２００５年
山際素男『破天―インド仏教の頂点に立つ日本人』光文社　２００８年
佐々井秀嶺『求道者―愛と憎しみのインド』サンガ　２０１５年
　同　序文・高山龍智『反骨のブッダ』コスモ21 ２０１８年
草薙龍瞬『反応しない練習』kadokawa　２０１５年

同『これも修業のうち』同　2016年
同『自分を許せばラクになる』宝島社　2018年
池龍之介『自分から自由になる沈黙入門』幻冬舎　2008年
同『もう起こらない』同　2009年
同『考えない練習』小学館　2010年
同『自然と心が整う法則』セブン＆アイ出版　2016年
枡野俊明『禅 シンプル生活のすすめ』三笠書房　2008年
同『心配事の9割は起こらない』同　2013年
同『いい縁をつかむ極意』朝日文庫　2014年
同『不安の9割は消せる』同　2017年
同『手放すほど、豊かになる』PHP　2017年
同『小さな悟り』三笠書房　2018年
同『比べず、とらわれず、生きる』PHP　2018年
同『上手な心の守り方』三笠書房　2019年
同『老いを超える生き方』朝日文庫　2019年
東洋経済『宗教 カネと権力』週刊東洋経済　2018年9月1号
ダイヤモンド社『新宗教の寿命』週刊ダイヤモンド　2018年10月13号
橋爪大三郎・大沢真幸『ゆかいな仏教』サンガ　2013年
橋爪大三郎・植木雅俊『ほんとうの法華経』筑摩書房　2015年
佐々木閑『大乗仏教』NHK出版　2019年

第2部　日本人の宗教観

第１章　日本人の宗教観

1　その切り口

仏教を論じるに当たり、釈迦の仏教が生起した当時のインド社会の状況、それも当時の異端思想から論がはじめられていきました。

次いで、「ものの存在の起源への探求」と「人間の生き方への探求」が釈迦以前のインド社会において、どう探求されていたかが論じられ、さらに、ギリシャ哲学・中国思想においてどう探求されていたかが概観されました。

そして、いよいよ、仏教の解明に論が進められ、仏教の母体となったヒンズー教が解き明かされ、仏教の伝来によって仏教国となった我が日本人のものの考え方を論じる番になってきました。

仏教やキリスト教が伝来する前の日本には、どのような宗教思想があり、仏教やキリスト教をどのように日本人が受けとめて来たのか、本章ではこのことを論じてみたいと思います。

それは、日本におけるキリスト教の宣教とは何か、そして何故、今、日本において既成のキリスト教会が衰退しているかを解明することでもあります。

また、日本の国の宗教の方向性を解き明かすことでもあります。キリスト教は「人間とその社会の本来的在り方」を示し、「導き」を与えるものでありました。インドの宗教でいうなら、「真実の教え」を示すものであったのです。

21世紀の今、既成のキリスト教や仏教は、衰退しているように見えます。しかし、キリスト教や仏教そのものが衰退しているわけではありません。世界でイスラム教は、依然として16億の人口を有し、信仰心は衰えていません。キリスト教も24億、仏教は、５・５億（新仏教を入れると6・5億）です。

2　日本におけるキリスト教衰退の理由と、これまでも発展して来なかった理由

日本のキリスト教の衰退の理由と、これまでにも日本でキリスト教が発展しなかった理由を、少し考えてみたいと思います。

２０２０年現在、既成の宗教は皆衰退しています。それは、まず少子高齢化が挙げられます。教会や神社・寺が衰退しているのは、若い人が来ないからだといわれます。後継者である若人が来ないからだといわれています。

たしかに若い人々は、既成の宗教に関心を示さなくなってきています。若い人々だけでなく、２０２０年に生きる現代人は宗教に対する関心を失い、物質的なものにのみ関心を向けているよ

うに見えます。しかし、ここには盲点、見えなくなっている視点があります。キリスト教会が、「真実の教え、人間にとってなくてはならないものを持ち、与えているなら、必ず存続していくはず」という盲点です。

実社会には企業が存在し、存在し続けているわけですし、また学校などの教育機関も存在し、存在し続けているわけです。国も存続し続けています。

企業や学校には自由競争があり、起業してより優れたもの・より良いものだけが勝ち残っていく「生存競争の原理」の現実があります。

教会や寺院が本当に必要不可欠なものなら、そこにはその価値を存続させていこうとする動きや働きかけが必ずあるはずなのです。

教会や寺院などの教団が衰退していくということは、必要性がなくなっているからです。ですから、必要を感じさせてくれる人が現われるなら、教会や寺院などの教団には人が集まり、立ち直り、存続していくはずです。衰退していくのは少子高齢化だからではなく、人を惹きつける人がいないからです。人間的にも魅力があり、人格者であり、信念を持ち、信仰的価値観が揺らがない人がいれば存続し、さらに発展していくのです。それに伴い、資金や経済力も備えられていくのではないでしょうか。

また、これまで、日本でキリスト教がそれほど発展して来なかった理由は、何であったのでしょうか。それは、キリスト教に見られる一元的思想・唯一神の宗教が、日本人に見られる多元的思想や多神教の宗教と違うからではなかったでしょうか。

3 日本人と外来宗教

日本人の宗教に影響を与えた外来宗教は、仏教（538年、百済の聖明王によって伝来）や儒教（5世紀頃、王仁・阿直岐によって伝来）、そして、キリスト教（1549年、イエズス会フランシスコ・ザビエル神父によって伝来）です。

では、もともとあった原日本人の宗教とは何であったのでしょうか。それは、日本の風俗・習慣・国造りの神話を伴った神道でした。

キリスト者であった山本七平《やまもとしちへい》（1921〜91年）が、1970年代から90年代に、『日本人とユダヤ人』『日本教徒』『日本人とは何か』などを著し、日本人論を展開したのは、日本におけるキリスト教の受容がなぜ西洋のようにスムーズに行かなかったかを明らかにすることでもありました。日本人と日本古来の宗教の「神道」を学問的に探求し、日本人の心の元にある感じ方や考え方を明らかにしたのは、江戸時代の国文学者・本居宣長（1730〜1801年）と国家神道の創始者ともいえる平田篤胤《ひらたあつたね》（1776〜1843年）でした。

従って、日本におけるキリスト教の展開や仏教の展開は、神道との関係においてより明らかになっていくのではないでしょうか。

神道を独学で思索した独創的な思想家としては、若くして夭折した鈴木雅之《すずきまさゆき》（１８３７〜１８７１年）も、その一人として挙げられます。

４ 日本の独創的思想家

日本人の宗教観を考察するにあたりもう一つの切り口は、日本の独創的思想家たちの思想を明らかにすることにあると思っています。

日本における独創的思想家の思想を明らかにすることにより、キリスト教ないし仏教との関係を探り、日本人の宗教観を解明していくことができるのではないでしょうか。

例えば、医者であった『自然真営道』の著者・安藤昌益《あんどうしょうえき》（１７０３〜６２年）、医師三浦梅園《みうらばいえん》（１７２３〜８９年）の形而上学や自然哲学・天文学は独創的な思索であり、物の起源の探求と人間の生き方・あり方の探求を思索したものでした。

江戸時代の独創的思想家をあげると、医師であり医学を学んだものが多いことが知られます。生業《なりわい》として医者を営んでいたとしても、生計の手段としてだけではなく、医学を学びながら、形而上学的な哲学や自然科学、そして倫理を学ぶに至ったことは偶然ではないでしょう。

国学者として名高い本居宣長《もとおりのりなが》（１７３０〜１８０１年）は、松坂の医師でした。

江戸時代、幕末の激動する時代に生きた開明的かつ革命的思想の持ち主に、ドイツ人医師シーボルトの門下生となった高野長英《たかのちょうえい》（１８０４〜５０年）医師がいました。

洋学は、この世界の事物の存在を探求する学問であり、人間の生き方・社会のあり方を探求する学問でもありましたから、江戸時代後期の日本人の関心を呼び起こさせ、医学においては、『解体新書』を邦訳した医師の杉田玄白《すぎたげんぱく》（1733～1817年）や、前野良沢《まえのりょうたく》（1723～1803年）等を輩出させました。

彼らは、「科学精神を探求していた」と共に「人間と社会のあり方を探求していた」のですが、布教師や宣教師との出会いがなかったので、仏教やキリスト教などの宗教の探求には、到らなかったようです。

医師・本居宣長は、国学者で『万葉集』の研究者で『万葉考』の著者である賀茂真淵《かものまぶち》（1697～1769年）との「松坂の一夜」の出会いによって、神道・日本人の心を伝える使徒となりました。60年前の中学生の時の国語の教科書に、宣長と真淵の出会いを叙述した「松坂の一夜」の記事があり、とても感動したことを今も覚えています。

国語の教科書で読んだ「松坂の一夜」の話しは、私にとっての学問へのめざめを与えてくれた記念となるものでもありました。

杉田玄白や高野長英・本居宣長も、キリシタン宣教師との出会いがあったら、キリスト教を伝える使徒となっていたかもしれませんね（でも、当時はキリシタン禁教令下にあったので、できませんでした）。

江戸時代はキリシタンが禁止され、仏教も幕府の政治的統治の手段とされ、檀家制度により革新性は失われていました。しかし、独創的な思想家は多く輩出していたのです。

それは、日本人の質の高さを示しているように思います。独学で独創的思想を産み出していた安藤昌益や三浦梅園などの思想は、驚嘆に値します。

本居宣長・平田篤胤・鈴木雅之も然りです。本居・平田・鈴木の神道の探求は、「事物の根源を探求」し「人間と社会の生き方について探求したもの」に他なりません。

かかる神ながらの道、それが、日本人のＤＮＡにはしっかりと組み込まれているので、仏教とキリスト教の影響を受けながらも、心底から、仏教徒やキリスト教徒にはならなかったのかもしれません。

５　２０２０年現在における日本人の宗教観

現在の日本人の宗教観の捉え方について、興味深い考察を行なっている人は少なくありませんが、それは、キリスト教や仏教・神道など宗教を信じている人々と信じていない人々、両方から考察がなされています。

アメリカのカーネギーメロン大学で計算言語学博士号を取得し、脳機能学者としてマスメディアの寵児となっている苫米地英人《とまべちひでと》（１９５９年〜）は、『宗教の秘密』（ＰＨＰ研究所　２０１２年）、『お釈迦様の脳科学』（小学館　２０１４年）、『人はなぜ宗教にはまるのか』（フォレスト出版　２０１５年）

などで宗教観を述べていますが、それは、科学に立脚したこれまでの理性や合理性に基づく考え方を踏襲したものです。

その前の世代に属し、宗教を批判的に考察した小室直樹《こむろなおき》（1932〜2010年）、赤間剛《あかまごう》（1945年〜）も、ジャーナリスティックな考察を非宗教人の立場から論じました。

それに対し宗教者としての立場に立って宗教を考察した人々としては、共産党員とキリスト者を両立させた牧師・赤岩栄《あかいわさかえ》（1903〜66年）、「神の痛みの神学」を提唱した神学者・北森嘉蔵《きたもりかぞう》（1916〜98年）、『批判的主体の形成』を著し、宗教を批判的に考察した神学者・田川健三《たがわけんぞう》（1935年〜）、仏教とキリスト教との対話を深めさせた神学者・八木誠一《やぎせいいち》（1932年〜）、『ユダヤ人と日本人』を著しユダヤ人ブームを引き起こした山本七平、『イエスとは誰か』『ブッダとは誰か』を著し独創的宗教観を提示した神学者・高尾利数などが挙げられます。

『ブッダとは誰か』においてキリスト教神学者である高尾利数は、キリスト教と対比させて仏陀とその教えを説き、きわめてユニーク・独創的にブッダを考察しました。この内容については、後に詳述いたします。

6　高尾利数の宗教観

高尾利数氏は宗教の持ついろいろな側面を、各著作において論じています。

例えば、イエスや釈迦が教えられた信仰のありかたと、教団となってからの組織教会やサンガ

（僧団）の往き方が違っていったことの考察です。

　このことについて私は、個人の信仰と集団や組織としての教団はおのずと異なるもの、機能を異にするものと考えています。

　高尾利数は、マルコ福音書はイエスの生き方を述べ、マタイ・ルカ福音書やパウロ書簡は、組織として成長していったキリストの教団の教えを述べたゆえに、イエスの生き方とは違ってきていると論じました。

　では、キリストの教団の教えはキリスト教ではなくパウロ教なのでしょうか。イエスの教えに教団としての信仰告白や教義（ドグマ）が加えられるのなら、イエスの教えではないというのでしょうか。

　理想を持って宗教・理念・思想を生きようとした個人が、同じ理想を持って共同体（集団、コミュニティ）のメンバーとして生きようとするならば、さまざまなやり方の違いも出てきます。キリスト教を信仰する団体がさまざまな違いをみせながらも、二千年間も存続してきたということはそこに必然性があったからではないでしょうか。

　個人としてキリスト教の理想をどう考えそして具体的にどう実践しようとそれは自由です。しかし、集団（共同体・コミュニティ・教団）として行動しようとする時、そこにはおのずから個人だけの時とは違う乖離《かいり》や距離が生まれてきます。これが統合（ホリスティック）されていくためには、工夫や技術が必要とされます。宗教が個人の生き方から、共同体としての生き方へと発展・成長していくためには、方法や工夫が必要とされてくるのです。そこには、理念とは別のマネジメント（経営技術）が必要とされてくるのではないでしょうか。

キリスト教に限らず、宗教が個人の実存のレベルから、教団組織やサンガ（僧団）の維持・運営のためのマネジメント・レベルになるときに、各宗教組織に共通してもたらされる現象があります。

それは、組織の絶対化・排他性という現象です。このことに、高尾利数は言及しているのです。個人の実存における宗教と、組織としての実存における宗教とは、おのずから違ったものを生じさせずにはおかないのです。

7　一神教であることの危険の指摘

宗教が組織性を帯びてきた場合には、絶対性が必ず生じてきます。特に、唯一神を標榜するユダヤ教やキリスト教、そしてイスラム教においてそれは顕著です。

宗教社会学者として著名な橋爪大三郎《はしづめだいさぶろう》氏（１９４８年〜）は、ユダヤ教・キリスト教・イスラム教・仏教などを考察し、『世界がわかる宗教社会学入門』（筑摩書房　２００１年）、『ふしぎなキリスト教』（講談社　２０１１年）、『世界は宗教で動いてる』（光文社　２０１３年）、『ほんとうの法華経』（ちくま書房　２０１５年）等、多くの著作を発表しましたが、佐藤優《さとうまさる》氏（１９６０年〜）との共著『あぶない一神教』（小学館　２０１５年）の中でユダヤ教・キリスト教・イスラム教に存在する一神教の危険についても語っています。

しかし、これは、日本的無神論者である学者の捉えかたであって、人間の理性で考える見方にとどまり、宗教を信じる者の宗教的実存に迫るものとはいえません。

宗教には、個人と教団組織の宗教的実存の現象的違いだけでなく、「自然」と「自然を超えるもの」をどう捉えるかという問題も起ってきます。「自然」とは、人間の理性で認識できるもの（科学）をいい、「自然を超えるもの」とは、人間の理性や認識を超えるもの、超自然とか神秘・神の恩寵のことをいいます。


チャールズ・ダーウィン（１６０２〜８２年）の「進化論」は無神論─人間の理性という科学（自然の光）によって、この世の実存・現象を解き明かそうとした最たるもの─ですが、そこには、存在するものをあくまで「物」「物質」と捉えることによって、不条理や矛盾をもまた生起させてきたのです。なんとなれば、存在し生きているものが、無から産み出されるはずはないからです。「有」から「有」が産み出されてこなければならないのです。

従って、「無」である「物」「物質」から、それが、「原子核」とか「素粒子」「ミトコンドリア」と呼ばれようと、「有」「生命体」を生じさせることはないのです。

そこには、物を生じさせる創造者がなければならないのです。

それゆえ、科学者であるニュートン（１６４３〜１７２３年）も、科学的真理と共に創造主としての神を信じざるをえなかったのです。自然の光である科学と恩寵の光である宗教は、共存して、この世・世界・宇宙を成立させているのです。医学界のルター（宗教改革者）といわれた改革者パラケルスス（1493～1541年）は、「医学の進歩は、自然の光である科学と恩寵の光である宗教によって、発展されていく」と述べましたが、彼の視点は2020年の現在も継承されています。科学・理性と宗教は、対立するのではなく並立し共存・共生されてきているのです。キリスト教の科学者テイヤール・ド・シャルダン神父（1881～1955年）、同じイエズス会士のアンリ・ド・リュバック枢機卿（1896～1991年）も同じ視点を持っています。

これは、13世紀に既にカトリックでは、天使的神学博士といわれ透徹した真理の探究者として「神の証明」を行なってみせた聖トマス・アクイナス（1225～74年）によって、「神の恩寵は自然を破壊せず、かえってこれを完成する Gratia Dei non tollit naturam, sed perficit」と表現した定式に、まとめられています。

8　高尾利数の宗教の絶対性についての考察

さて、高尾利数の「個人の宗教的実存としての信仰」と「集団である組織教団としての宗教的実存」の違いの問題に話しを戻しましょう。それは、「宗教の絶対性・排他性の問題」についてでした。

高尾利数は「キリスト教の絶対性は、ユダヤ教を母体として生まれ、それが、2000年間世界史の主流として存続し続けたが、日本にもたらされた時、日本の宗教とは融和しなかった」と述べています。高尾利数は「その理由」と、「では、どうしたらキリスト教は日本に適応するようになるのか」を考察して来ました。

江戸時代に独創的な思想家が輩出したことを先に述べましたが、彼らの時代はキリシタン禁制であったゆえ、キリスト教に直接触れることはできませんでした。しかし、もし彼らがキリスト教に接触していたら、日本人の心に触れるキリスト教を創り上げていたかもしれません。

中江藤樹《なかえとうじゅ》（１６０８〜４８年）や平田篤胤はキリスト教を知識として知っており、すべてのものの創造主の存在を、キリスト教的な神に置いていたところが見られます。イエズス会士小出哲夫《こいでてつお》神父（20世紀後半活動）は、広島で宣教に従事していましたが、自ら藤樹会を創設し、キリスト教と中江藤樹をつなげようとしました。

平田篤胤は、イザナギとイザナミを生んだ神として創造神・タカムスビノ神を叙述しています。とはいえタカムスビノ神は、西洋人のように強固な一神教信仰に至らせる創造神にまではいきませんでした。

それは、日本の自然環境や風土がもたらした発想・思考法、生活の仕方や習慣が、西洋とは異なっていたからです。キリスト教の母体であるイスラエルの風土や発想とも、異なっていたのです。

９　高尾利数のキリスト教の捉え方

高尾利数の世代は、学生運動が盛んであった１９６０年から70年代前後の時代を経験した世代です。高尾利数も『イエスは全共闘をどう見るか』（自由国民社 １９６９年）等の著作を発表しています。高尾利数のキリスト教の捉え方は、大学紛争の１９７０年代以後、批判的に捉えられるようになっていきました。

　組織としてキリスト教の教団が形成されると、教義（ドグマ）が確定され、使徒信条（credo）を信じることが信者の証拠であるとされるようになっていきました。

「イエスが人間の罪のため十字架にかかったことを信じる贖罪信仰と、三日後に復活したとする復活信仰」を強調するパウロの教えが、正統派キリスト教信仰になっていったことを高尾利数は述べています（高尾利数『自伝的聖書論』柏書房 １９９４年、１５８～１６２頁。同『イエスとは誰か』ＮＨＫ出版 １９９６年 36～40頁）

　高尾利数、田川健三、荒井献《あらいささぐ》（１９３０年～）、八木誠一、大貫隆《おおぬきたかし》（１９４５年～）などの聖書学者は、それぞれ独自の聖書研究・聖書解釈から、独自のイエス・キリスト理解を進めましたが、ここで大切なことは、イエスがキリスト教の創始者であったか、或いはパウロかということより、イエス・キリストの教えが世界に広がり、人間の生き方として二千年もの間、世界に影響を与え続けていったということなのです。

　イエスの言った言葉を厳密に証拠立てるというより、イエス・キリストという人物の生き方の中に、人間の生き方の理想を見い出し、追い求めているということが大切なのです。

　仏教の創始者・ブッダも、また同じです。

キリスト教組織としての教団の中に、イエスの教えだけでなく、パウロの教えが多くあったとしても、二千年の歴史は、イエスの中にキリスト教の中心を見い出してきたのです。

そして、カトリック教会という確固とした組織教団がなければ、魔女狩りや十字軍・異端審問の弊害があったにせよ、多様な個々のイエス理解が論じられたり存続させられたりすることが出来なかったこともまた事実なのです。

第２章　最近の日本のジャーナリズムの宗教の捉え方

1　橋爪大三郎の捉え方

最近の日本のジャーナリズムにおいて、宗教を信じていない識者の間で、宗教の重要性が論じられるようになりました。

たとえば、宗教社会学者の橋爪大三郎氏による「宗教の重要性」の指摘です。

橋爪氏は、〈日本においては、宗教が、「あいまいなもの」として捉えられており、「あってもなくても、たいして意味をもたないもの」として位置づけられており、１９９５年の「オウム真理教サリン事件」以後、宗教はオカルト的なもの、変り者が信じるものとみなされるようになっている。普通の人は、宗教を信じない。けれど、日本以外の国では、そうではありません〉と述べておられます。

アメリカは世俗的な国ですが、キリスト教という宗教を信じる人も沢山います。宗教は政治や経済、道徳・教育、人生観・生命倫理・生活の仕方に影響を与えているのです。

イスラエル国とユダヤ民族は、ユダヤ教という宗教を生き方の支え、国家・民族の源泉としてきたのです。今もそうです。

今、日本において宗教は、生き方や政治経済、価値観や精神文化に直接影響を与えていません。しかし、外国ではそうではありません。宗教を持っていないことが健全で理性的な常識人という評価を受けている日本とはうらはらに、外国人には、〈宗教を持っていないということは、自分が信じるものを持っていない、信念のない信用がおけない人間〉とうつるのです。何が大切で何がそうでないかという価値基準を持たない人間とうつるのです。

日本人が優秀で経済的に富む国家であり、勤勉でテクノロジーも優秀なのに、政治的に大国になれないのは、自己主張を堂々と言えないこと、価値基準や信念の規準となる宗教を明確に持っていないからではないでしょうか。

日本では、宗教を明確に表現することはよくないことと思われているのです。しかし、日本人と日本が世界の中で役割を担うためには、宗教の重要性、宗教の捉え方を一新させなければならないのです。橋爪氏はこのことを、以下の諸作品の中で強調してこられたのです。

『世界がわかる宗教社会学入門』（筑摩書房　２００１年）、『ふしぎなキリスト教』（講談社　２０１１年）、『世界は宗教で動いている』（光文社　２０１３年）、『おどろきの中国』（講談社　２０１３年）、『ほんとうの法華経』（ちくま新書　２０１５年）、佐藤優氏との共著『あぶない一神教』（小学館　２０１５年）、『紛争の社会学―はじめての軍事・戦争入門』（光文社　２０１６年）。

２ 井沢元彦の宗教観――「逆説の日本史」から

ベストセラー『逆説の日本史』シリーズで著名な作家の井沢元彦《いざわもとひこ》氏（１９５４年〜）は、宗教にとても深い審美眼を持っておられます。日本史の解明の中で宗教がどういう役割を果たしてきたのかを、史実と資料をもとに再構成されました。しかも、歴史学としてでなく、作家の感性で再構築され歴史の真実に迫ろうとされているのです。

『逆説の日本史２　聖徳太子・称号の謎』『逆説の日本史８　室町文化と一揆の謎』には、宗教が政治にどう影響したかが克明に再構築されています。特に、『逆説の日本史６　鎌倉仏教と元寇の謎』では、宗教家・宗教学者以上の博識と宗教的洞察眼をもって、宗教、特に日本における仏教がなぜ受け入れられ、どう展開していったかが克明に分析され語られています。日本人にとって宗教とは何かが追求されているのです。仏教という宗教を通して、日本人は何をそこに求めたのでしょうか。それは、何が宗教には求められなかったのかを探ることでもあります。

これは、キリスト教とヨーロッパ社会、イスラム教とアラブ社会、日本人にとっての宗教と日本社会との差異を知るということでもあります。

仏教はインドのバラモン教を源流として、釈迦によって創始されました。釈迦の創始した仏教は苦しみからの解脱というところにあり、永遠の生命を得るとか、キリスト教における神との一致・神のみ心を生きるという信仰のあり方とは異にしています。

釈迦は、生きること・老いること・病気になること・死ぬことを苦しみ（ドッカ）と捉え、生きることを繰り返すバラモン教の輪廻（サンサーラ）の生き方を否定し、真実を認識し、真実の生き方を悟ることによって救われる道を説いたのです。

日本における仏教の捉え方には、理論・実践両面において、様々な捉え方があります。浄土教のように、念仏すれば極楽浄土に行けるという捉え方もあり、禅宗のように瞑想によって真実を認識し悟りを開くところに解脱・救いがあると説く捉え方もあります。それは、精神的な生き方の救いを得るというより、自己の存在と自然との一致を認識し掴むということでしょう。

井沢氏は日本史と宗教の関係を博学な知識や研鑽、洞察をもって解明しました。宗教の重要性を説いたのです。

かかる視点は『日本史の逆説』シリーズにとどまらず世界史にも向けられ、『逆説の世界史』シリーズ（２０１４年から刊行）として刊行中です。第一巻の『古代エジプトと中華帝国の荒廃』（２０１４年）では、文明と歴史との関係、中国の儒教と毛沢東と文化大革命の関係が論じられています。第二巻の『一神教のタブーと民族差別』では、ユダヤ教やキリスト教・イスラム教という宗教が歴史にいかに関係してきたかが詳細に論じられています。井沢氏の宗教への深い洞察力・観察眼に敬服させられます。

現在の日本においては、宗教が全く評価されなくなっていますが、日本においても、宗教の持つ重要性はなくなってはいないのです。いわんや、世界史において、そして現代世界において、宗教がいかに重要性を持っているかを、井沢氏はこれらの著作で強調しているのです。

3　小林道憲「宗教をどう生きるか——仏教とキリスト教の思想」から

福井大学教授で哲学者の小林道憲《こばやしみちのり》氏（1944年〜）は、仏教徒の立場からキリスト教と仏教を比較しながら、宗教が現代日本においても、重要性を持っていることを語っておられます。

まず、人間はいつか死ぬという自覚、虚無への自覚が、自己の存在と世界への根源的な根拠を求めさせる、即ち、人が宗教を求める出発点とならしめていると説いています。それは、すべては移り変わり往《ゆ》き無常である、という見方へと導いている。これが、釈迦が到達した人間の有限性の自覚です。かくのごとき問いが宗教を求めさせたのです。

小林氏は、こう論を進ませています。

〈原始仏教（釈迦の教え）は、無常を知ること——人生の有限性・虚無性を自覚し、解脱（悟り・救い）を求めさせると同時に、人間は常に何かを求めながらも、それが得られないという苦に満ちていること、つまり、人間存在の負荷性の自覚を追求してきたといえる。

人間が人間として生きている限り、老い、病み、死ぬことから逃れることは出来ない。人生は、苦である。しかも、これらの苦を、人は一人で背負わなければならない。人生の苦の前で、人は孤独である。

人間の一生ばかりではない。人と人が織りなす人間世界も、怨みや憎しみ、恐怖や闘争に満ちている。人間の生は、不幸と悲惨、孤独と不安に支配されている。人間世界は苦悩の世界であるといえる。

人間が生きている限り免れることのできない苦（ドッカ）とは、原始仏教では、自己の欲するがままにならぬということを意味している。

人間が人間として生きている限り、生理的な欲求から社会的な欲求まで、欲求というものがなくなることは、ありえない。しかも、それは常に過度に走り無限に続くから、いつも充たされないものが残る。

かくて、人生はいつも苦につきまとわれているということになる。

人間はいつも欠如の中で生きているのである。人間の苦もそこからくる。人間は苦から逃れることは出来ないのである。

宗教は、また、人生の苦の自覚であると共に、そこからの解放をも意味している。

原始仏教では、苦はあらゆるものについて言われている。貪欲、愛欲、怒り、怨み、愛執、煩悩など、人間の欲望にかかわることがらは、すべて苦であると言われる。愚痴や偽りなど、人間の無知などにかかわることも、すべて苦であると言われる。

不安、恐怖、生老病死、感覚や意識など、人間存在にかかわることがらは、すべて苦であると言われる。又、無常なもの、変わりやすいものも、苦であると言われる。

諸行無常の教えは、すべての存在が時間的に有限であって、何一つ常住不変なものはないという真理を語ったものであるが、これもまた苦であると言われる。

すべての存在は変わりやすく、しかも、人間はこの変わりやすいものに常に固執しているために、絶えず裏切られるのである。そのため、すべての存在は苦であるとみられるのである〉（小林道憲『宗教をどう生きるか―仏教とキリスト教の思想から』ＮＨＫ出版　１９９８年）。

また小林氏は、仏教は「縁起」を説いていると述べています。人間世界の出来事は、ご縁による相互依存性によって関係し合い成り立っているのです。日本語では「ご縁があります」というではありませんか。

自分の力で何かがなされたと若いころは思いがちでしたが、年を取ると（２０２０年で73歳）ご縁によって事は成り、出来事も起こっているのだと思うようになってきました。「おかげさまで…」とか「自分以外のおかげによって…」と思うようになってきたのです。

ではそのご縁はどこから来るかというとよくはわかりませんが、相互依存関係によって成り立っているということが、今、わかってくるようになりました。むろんそこには、自分からの働きかけという自由意志の働きも関係していますが。

事が成っていくのは、いろいろな要素があいまって働いているからでしょう。業《ごう》や因縁というのもありますね。前世からの因縁という考え方もありましょう。超越的なものの働きかけということもありましょう。

超越的なものをユダヤ教やキリスト教・イスラム教などの一神教は、神という存在で表現しています。ヤーヴェ（エホバ）やデウス・アッラーは、同じこの神を表現することばです。

小林氏は、キリスト教にあっても死の問題と負荷性の自覚の問題は、その根源にあったものであると述べています。

仏教における無明や煩悩に対応するもの、それはキリスト教にあっては、罪や悪という概念に他なりません。罪と悪という概念は後の章で改めて詳細に述べますが、ここでは罪と悪という存在が、神のゆるしを求め、救いという宗教心を求めさせたと小林氏は指摘しています。

パウロやルターの信仰義認という捉え方は、罪と悪を義という業によって救済させるのでなく、神が救ってくださるという神の恩寵を信じる信仰によって救済されると説く捉え方です。それは、法然（1133～1212年）や親鸞（1173～1262年）によって唱えられた『善人なおもて往生す。いわんや悪人をや』という親鸞の『歎異抄』の捉え方「悪人正機説」と軌を一にしています。パウロは、自己の力や善をなそうとする業によって人は救われるのではなく、神の恩寵のあわれみによってのみ救われる（『ロマ書』7～8章）と説くのです。

4　救いとは何か

キリスト教における聖パウロ（5～67年）、アウグスティヌス（354～430年）やルター（1483～1546年）が、救いを自力による善業によって求めようとし、遂に到達できないことを悟り、神のただ恩寵としてのあわれみとキリストの贖いを信じる信仰によって救われることを自覚したことと、法然や親鸞が、法（ダンマ）の教理を学び、救いへの行や業を積んでも救いを得れず、無明と煩悩・迷行の淵に沈み、無力感と絶望感に行き着き、その中から罪あるままで救う仏

（弥陀）の本願による救いを見い出したこととは軌を一にする。小林氏は、こう指摘しているのです。

小林氏の指摘は1970年代、仏教とキリスト教の対話がなされた時代に、キリスト教の八木誠一などが両宗教の共通性を論じたことを、さらに深くさせた捉え方といえるのではないでしょうか。

以下の書は、仏教とキリスト教を対話させた成果の書といえます。

八木誠一『仏教とキリスト教の接点』法蔵館 1975年、
八木誠一・阿部正雄『仏教とキリスト教』三一書房 1981年、
八木誠一・瀧澤克己『神はどこで見出されるか』三一書房 1977年年、
瀧澤克己『佛教とキリスト教』法蔵館 1981年、
南山大学宗教文化研究所編『宗教体験と言葉』紀伊国屋　1978年、
　同『神道とキリスト教』春秋社 1984年、
　同『絶対無と神』同 1986年、
　同『天台仏教とキリスト教』同 1988年、
　同『浄土教とキリスト教』同 1990年。

宣教や伝道という働きも、人間としての宣教者や教団の自力によるものではなく、神のあわれみの働きによるものなので、恩寵の働きにまかせることが信仰流布の業なのかもしれません。

しかし、神の協力者としての人間の働きも必要とされるので、神の働きと人間の働きの峻別が問われているのかもしれません。仏の働きが人を救うのであるが故に、浄土教の教えを説かずに布教せずにおいた親鸞の往《い》き方だけであるのならば、浄土教は死滅していたでしょう。浄土教にこそ救いがあると積極的に説いた蓮如上人（１４１５〜９９年）がいたからこそ、浄土真宗は広まり人々を救っていったのです。

法然・親鸞の教えや救いの理解には、罪人のまま救われるという教えがあります。キリスト教には、この教えはありません。回心したからこそ罪人が救われ得るのです。しかし法然や親鸞は、回心したから救われるのではなく、罪人という負荷性（負い目・引け目）の自覚に救いの契機がある、と説いたのです。

「宗教は、存在の有限性や負荷性の自覚から出発した。悟りや解脱が求められるのは、そこからである。しかし、自己の内なる罪悪から道が求められたときには、悟りや解脱より、神や仏による救いが求められるようになる。仏教の浄土系やキリスト教の信仰は、ここから出て来る」。

自分自身の中に巣食う執拗な罪悪性、人間の中に巣食う執拗な罪悪性、それは、自力によっては、救い切ることは出来ない。徹底的に自己の無力が自覚され、自力による解脱の道が否定され、人のはからいを棄て（放下）、弥陀の本願の救いにまかせること、ここに救いがある。

それは、キリスト教も同じです。パウロ・アウグスティヌス・ルターも、自己の内なる罪から自分の力によっては逃れることはできず、ただ神のあわれみ、キリストの贖いを信じる信仰のみによって救われると説いたのです。

宗教心は、自己の無力や弱さの自覚から湧き出で来るのです。

5 ユダヤ教の教え

このような捉え方は、ユダヤ教にも見られます。

私は、何度かイスラエルを訪れましたが、２０１９年2月に10日間、イスラエル巡礼に同行司祭として行った時、ユダヤ教社会の現実の姿に多く触れることができました。

ユダヤ教徒になった日本人も知りました。その一人国際弁護士の石角莞爾《いしずみかんじ》（１９４７年～）さんは、イスラエル人のユダヤ教信仰とは、全能の神の導きを信じ、神が創造し与えた生命を生き抜くことであると強調されました。生き抜いて、そして、神にゆだねるのです。

『なぜ私だけが苦しむのか』（１９８１年 邦訳 岩波書店 １９９８年版）を著して有名になったユダヤ教のラビ（宗教指導者）ハロルド・クシュナー師（１９３５年～）は、神（ヤーヴェ・エホバ）は偉大なことをなしたからではなく、善人だからでなく、悪人も善人も共に救って下さる方であると述べました（クシュナー『ユダヤ人の生き方―ラビが語る知恵の民の世界』創元社 ２００７年）。

生きている人をすべて救うのが、神のみ心・業・意志です。ここに宗教の真骨頂があるのです。

小林氏とクリシュナーの本を読んでいて、神にはパラドックスがあるということを感じました。

それは、人間は負荷性の自覚と制約による限界性を持つ存在であり、それゆえ、自力による救済は全く無力で絶望であると共に、自己開発をして絶えざる刷新・変革（innovation）による可能性

（potencial）を持つものでもあるということです。

それは、ユダヤ教の考え方が、「神を信仰して生きることは、神が賦与した生命を生き抜くことと教えていること」、しかして、キリスト教のプロテスタンティズムが「資本主義発展の理論を産み出し、絶えざるイノベーションを提示し続けていること」から知られるのです。

6　死の問題と負荷性の問題は宗教を必要とする

神の民に選ばれたイスラエル人やユダヤ教の民はヤーヴェの神を信じ、その導きに自分の人生をゆだねて生き抜いていくのをその生き方とします。

小林氏は、「宗教の存在は、人間の死の問題と、負荷性―制約・限界・罪・負い目・病気・老い、そして貪欲・愛執・不信・絶望、及び無力・煩悩・無明などからの解脱や救いに到達するために必要とされる」と述べています。

「親鸞は、人が行なういかなる行為も、すべて宿業の造る所である、という。人間のあらゆる行為は、それが善行であるにせよ悪行であるにせよ、すべて迷行であって、無明に淵源を持つ宿業による。それが、善となり悪となるのは、状況と関係のありかたによる。従って、それは絶対的なものではない。人はこのような宿業観から、ただ弥陀の本願による救いによって、救われるのである」。

「人は、ただひたすら、神の愛とキリストの贖いを信じることによって、罪赦され（ロマ書3章28節）、義とされるのである」。

「自分の罪・悪・制約・負い目に苦悩する人間にこそ、絶対者は働き出る」。

「法然と親鸞は、『法然上人行状絵図』『末燈抄』において、自然法爾《じねんほうに》という言葉をそれぞれ説明している。自然とは、自は自《おの》ずからといふ、行のはからいにあらず、しからしむといふことなり。然といふは、しからしむといふことば、行者のはからいにあらず、如来のちかひにてあるがゆへに。法爾といふは、この如来のおんちかひなるがゆへに、しからしむるを法爾といふ」。

『神は、善人ばかりでなく悪人にも、救いを与える』というユダヤ教の教えには注釈が必要であると思います。このことをクシュナーが述べたことは、ユダヤ人の生き方が、死んで神と共にいるというより、生きている今、神と共にいることに強調点を置くことと関係があります。ユダヤ人は、神が与えた生命を生きぬくことを評価するのです。ですから、悪人にも、神は神が賦与した生命力を生かし切り、生き抜くことを求められるのです。これが、ユダヤ教における「正義（ツェダカー）」です。人間にはどちらか片方が正しく、片方が悪者ということはありえないのではないでしょうか。

ユダヤ教のラビ・クシュナーは、神は偉大なことをなしたからではなく、善人だからでなく、悪人も善人も共に救って下さる方であると述べましたが、生きている人をすべて救うのが、神のみ心・業・意志です。ここに宗教の真骨頂があるのです。

小林氏とクリシュナーの本を読んでいて、神にはパラドックスがあるということを感じました。それは、人間は負荷性の自覚と制約による限界性を持つ存在であり、それゆえ、自力による救済は全く無力で絶望であると共に、自己開発をして絶えざる刷新・変革による可能性を持つものでもあるということです。

第３部　キリスト教

第Ⅰ章　ユダヤ教―キリスト教の母体としてのキリスト教

1　キリスト教の母体としてのユダヤ教

キリスト教の教えの中心にあるもの、それは「愛」です。２０２０年の現代人の心の中にあるもの、それは「愛」を求める心であり、かつ、愛を探し求める理想が、キリスト教を二千年間、維持させ続けた理由といえましょう。

ユダヤ教の求めるものも愛ですが、人間の愛よりも神の愛の方がより強調されているのです。ユダヤ教の神ヤーヴェ（エホバ）の愛を強調するところには、ユダヤ人の信じる神（ユダヤ教の神）を信じ、ユダヤ教の神の愛を信じ、導きを信じるということです。キリスト教の神を信じることとは異なっています。

２０１９年2月に、イスラエル11日間の巡礼旅行で私は再度、そのことを新たに確認させられました。イスラエルは、イスラエル人の信じる神の愛を信じるのです。

キリスト教の愛は、イスラエルの神に限定しないで、どの民族や国民にも、時代と場所を超える普遍的な愛を強調しています。現実的に、それが実現されていなくてもです。

オバマからトランプに大統領が変わったキリスト教国アメリカの現実には、アメリカの利益を優先する姿勢が政治面や経済面に顕著に見られています。しかしアメリカには、理想としての愛・真理・神の導き・神の正義を守り尊重していきたいという側面があることもまた事実です。

キリスト教の母体はユダヤ教であり、神のイメージはユダヤ教の神に負っていますが、2000年の時代を経て神のイメージはユダヤ教・旧約聖書の世界から世界大へと広がり、すべての国民を包括するものとなってきていることも、事実です。

キリスト教の神の愛は、全世界を包括し、全世界に普遍的に通用していく愛へと、今や成長・発展してきているのです。

普遍的な愛が理想とされるようになっていったので、一国だけに通用する愛だけでは、十分ではなくなってきているのです。

世界の国際化（グローバル化）が進むに連れて、どの国にもどの時代にも妥当する愛。真理や正義が必要とされるようになってきたのではないでしょうか。そういう愛・真理・正義でなければ、人々が納得しなくなってきているからです。

ネット情報社会は、そのような価値を必要とするようになってきているのです。

キリスト教・仏教・ヒンズー教・イスラム教は、相互に受容し影響を受け合い、協力し合って、より良い社会・世界を作っていくよう導かれているようになってきているのではないでしょうか。

2020年1月の今、世界はグローバル化され、ＩＴ技術の発達により、ネットであらゆる情報を世界規模で見られるようになり、情報を活用し、事柄と人の組合せのイノベーションを新たになし、投資できる組織と資金（ファンド）を持ったものが、世界と社会をリードしていけるという時代になってきているのです。

宗教による真理の普遍妥当性は、各宗教の内容と現実のあらゆる情報が開示・公開され、さらされつくされた後、証明されていくのではないでしょうか。

カトリック教会の第二バチカン公会議の影響は、全世界と世界の宗教に影響を与え、エキュメニズム（キリスト教の一致）という潮流は、プロテスタント信仰のあり方、仏教の信仰のあり方にも影響を与えています。

キリスト教（カトリック・ギリシャ正教・プロテスタント）、仏教、イスラム教が個別に発展・展開をみせていたのが、今や、統合的視点から捉えられる時代に入ってきたのです。

しかし、それは、各宗教が一つの宗教に統一されるということではなく、真理において一つであるということを普遍妥当的なものとして捉えながら、個別の独自性をより強固なものとして発展・進歩させ影響を与えていくということなのです。

２　ユダヤ教

ユダヤ教については、多くの紹介があるので、ここではアメリカ在住のユダヤ教のラビ（教師）ハロルド・クシュナーのユダヤ教の理解と、日本人でユダヤ教徒になった石角莞爾さんの理解を通して、ユダヤ教を紹介したいと思います。

クシュナーは、自分の最愛の息子が三歳の子供の時に早老病にかかり死んでいくという苦しみを体験し、人間にとっての苦しみの意味を問い、『現代のヨブ―なぜ私だけが苦しむのか』を著し（1981年　邦訳　斎藤武訳　岩波書店　1998年）、その著作は世界的なベストセラーになりました。苦しみがなぜ人間に起こるのかは、いつの時代にとっても人間に関心を呼び起こさせずにはおきません。ユダヤ系フランス人である哲学者シモーヌ・ヴェイユ（1909～43年）は、教師から悲惨で苛酷な労働条件に置かれている工場労働者となって人間の苦しみと不幸を体験し、『労働と人生についての考察』（1941～43年　邦訳勁草書房　1967年）にその体験を克明に綴りました。

2011年に起こった東日本大震災による自然災害の苦しみ、戦争により今もなお避難民として飢えと不安にある人々。これらの出来事は、なぜ苦しみが人間にはあるのかと私たちに問わさせずにはおきません。

クシュナーは、「ユダヤ人の生き方―ラビが語る知恵の民の世界」（1993年　邦訳　松宮克昌訳　創元社　2007年）において、ユダヤ教のさまざまな側面を語っています。

〈著名なユダヤ教哲学者マルティン・ブーバー（1878～1965年）は、神学は神について語ることであり、神を体験することが宗教であると定義しました〉（同書）。学問は神について論じ、宗教は神を生きる・生活するということなのです。

クシュナーはアメリカに在住していますから、多くのクリスチャンと共に生き、キリスト教国アメリカの価値観と共存させてユダヤ教を捉えています。

キリスト教徒も聖書としてユダヤ教徒のヘブライ（旧約）聖書を用いていますから、神の捉え方に、キリスト教徒とユダヤ教徒の間には多くの共通点があります。

違う所は、ユダヤ教は地獄の存在とか死者の復活とかをあまり信じないことです。

神を信じるとは神にゆだねることではあっても、美しく生きるというよりしつこく生き抜くことに価値を置きます。ナチスにより六百万のユダヤ人が収容所で虐殺されましたが、自ら殉教を選ぶとか、日本人のように面子や自尊心を守るためいさぎよく死を選ぶということがユダヤ人にはありません。ヤーヴェ神への信仰を選ぶゆえに、死を選ぶというより恥を忍んでも生き抜くということに希望を置き、やり直し、新生を繰り返すところに価値観を置くのです。国が滅亡させられ、悲惨さやみじめさを味わっても二千年間しぶとく生き残り生き抜いたのは、ユダヤ教という宗教がアイデンティティとしてあったからです。ユダヤ教の神への信仰・信頼とは、あくまで「人を生かす神」を信じ切るということなのです。

キリスト教には、あくまで「人を生き抜かさせる神」というイメージが弱い所があります。

カトリック・プロテスタントを問わず、キリスト教には愛と同時に裁きがあり、裁きは必ず罰を伴います。もちろんユダヤ教の歴史にも信仰上の裁きと罰がありましたが、キリスト教の方が、異端審門・魔女狩り・十字軍などによる虐殺は長じています。クシュナーは、同書の中で、述べています。

〈ユダヤ教が何であるのかを表すカギとなる言葉は、「生きる」ということばです。ユダヤ教が示唆するものとは、「何を信じるか」ということではなく、「いかに生きるか」ということにあります。ユダヤ教は来世といったものに満足を見い出すことに希望を置くより、この世に生きることを強調するものであり、生きる上で間違うことがあっても、そのことに後ろ髪を引かれるより、この世の喜びを味わうことを私たちに求め、死について心配するより、生きることにエネルギーを注ぐという楽観的な態度を伝えます。

さらに、神がお創りになったすべてのものを見て、それが好ましいものであることに気づくようにと、私たちに呼びかけます〉（同書）。

また、クシュナーは、こうも述べています。

〈本書『ユダヤ人の生き方』は、本当の人間になることは何を意味するのか、その挑戦にいかに応え、理解するかについて述べています。その趣旨は、どうして、私はユダヤ人でなければならないかではなく、いかに私は真の人間になれるか、という問いにあります。ユダヤ教が問題ではありません。生きることこそが問いであり、ユダヤ教は答えです。

いかに、この世の隠された聖性という報いを見つけるか、世界の不確実性と失望をいかに乗り越えるかを、あなたに教えることができます〉（同書）。

このクシュナーの言葉からもわかるるように、ユダヤ教は何かの理想のために殉教するという生き方より、とことん生き抜こうとする教えなのです。ナチス収容所に入所していても死ぬ直前まで生き抜くことに希望を持ち、生きることを諦めない生き方をユダヤ人はするのです。日本人からみて惨めであさましく恥の生き方と思われようと、生き抜こうとするのです。それは生を神が与え祝福したからであり、生命は神の贈り物であるからです。

ユダヤ人医師ヴィクター・フランクルは、ナチス収容所に収容されていた体験を著作『夜と霧』で明らかにしましたが、収容された者の中で希望を持ち続けた者だけが生き残ったと述べています（フランクル『夜と霧』霜山徳爾訳 みすず書房 1961年）

日本人の石角莞爾さんがユダヤ教徒になった理由の中に、生きることをユダヤ教が強調する宗教であったことを述べていることはさもありなんです。次章で詳述いたします。

次にクシュナーは、キリスト教国アメリカに在住していることもあって、キリスト教とユダヤ教双方を知ることの必要性を強調しています。自分が信じている宗教と違う宗教を知ることは、自分の信仰を否定するとか不信仰という訳ではなく、自分の信仰あるいは相手の宗教・信仰を豊かにさせるものだと言っています。

しかしキリスト教とユダヤ教の違いも指摘しています。キリスト教は、信仰の内容・教えを強調しそれを第一義に置きますが、ユダヤ教は思想ではなく、ユダヤ民族の共同体に加わることが第一義となるのです。アブラハム・イサク・ヤコブ・モーセの子孫の共同体に連なることが第一義であり、信条（教理）や典礼は第二義なのです。

モーセの「十戒（トーラー）」についてクシュナーは、〈トーラーの究極の理想は、全世界がユダヤ教徒になることではなく、ユダヤ人によって礼拝される神が唯一の真実なる神であることを全世界に示すことであり、神が意図されたように人類がその道に従って生きるところにある〉と述べています。

しかしクシュナーは神を中心に据えながら、すべての国々が理想の姿になることが私たち人間の責務であり、自由意志によって神の世界を完成させることが私たちの責務だと述べているのです。

ユダヤ教の神の言葉が、ユダヤ教徒のみによって守られるものでない事をきづかせるために、キリスト教を必要としていると述べています。

3　ユダヤ教徒になった日本人・石角莞爾さんの考え方

日本人としてユダヤ教徒になった石角莞爾さんは、京都大学を首席で卒業し在学中に司法試験に合格したにもかかわらず、通産省に入り、数年で退職してハーバード大学に留学し、その後アメリカを拠点として国際弁護士として活躍していましたが病気が契機となり、ユダヤ教のラビと知り合いユダヤ教徒になりました。

彼は、ユダヤ教に魅かれた理由を3つ挙げています。①自分の人生の意味　②大きなものに帰属したいという感覚　③世界の人々と同じ立場に立ちたい。これら心の中にあった願いに、ユダヤ教が解答を与えたからだといいます。

ヘブライ聖書「伝道の書」に、「すべてのことに時がある」とあります。石角さんは、順調な人生であれば宗教を求めることはなかったのです。それが五十代の時に、病気が契機となってユダヤ教に接することになったのです。


人間にはわからないけれど、神様から見るとわかることがあるのです。不思議なことが、人生には起こります。病気・不幸・災難・苦しみが宗教へと導いていくことがあります。

私も高校生の時に内面の苦しみがありました。それがキリスト教へ向かわせ、キリスト教会の良い人々と出会い、導かれ、カトリックのイエズス会の神父さま方との出会いが縁でカトリック信仰へと導かれ、神父の道へと導かれました。プロテスタントの世界的伝道者ビリー・グラハム（１９１８〜２０１７年）の影響も沢山ありました。


石角さんは、アメリカでユダヤ人のラビから二年間にわたりユダヤ教の教理を学び、ユダヤ教徒になられたのです。六十歳になっていました。

彼はユダヤ教やユダヤ教徒という大きな帰属意識を持てる共同体に所属することができ、世界を舞台に活躍することができたのです。

もちろんこれは彼だからできたことで、日本人の誰でもができるわけではありません。能力のある石角さんだったからこそアメリカという場で英語を話し、ユダヤ教徒になれたのだと思います。世界を舞台にして活動したいという彼の性格と適性もあったでしょう。縁は縁を産んで、世界の人々とより広く交流できる場が彼の前に拡げられていったのです。

彼は、自分がこの世に生まれてきたことには何の意味があるのだろうかと問い続けていました（石角莞爾『日本人の知らないユダヤ人』小学館　２００９年）。

自分の存在が偶然と考えると、自分は意味のない存在になる。意味のあるものと考えると、〈誰が自分をこの世に送り出したんだろう？　人生の意味とは何か？〉という疑問が次にわいてきます。その答えを彼はユダヤ教の中に見出したのです。〈神が存在し、より良い世界を作るために、人は生きている。その答えを問い続けよう。それが、神の意思を知ることなのだ〉と。

4　ユダヤ教とキリスト教の違い

石角さんの理解するユダヤ教は問い続ける・学び続ける宗教です。ヤコブが、自分を神が祝福してくれないなら天使となった神と相撲を取り、祝福してくれるまで戦うという宗教なのです。矛盾があれば、納得いくまで問い続けるのです。信じるではなく問い続けること、これがキリスト教と違うところかもしれません。問い続けることが、神を探求するや信じることになるのです。

キリスト教は信仰箇条を信じ告白し、神秘現象を信じることを強調するところもあります。不思議なこと不可解なことを信仰によって受け入れることがよき信仰者だとみなされるところがあります。ユダヤ教にも神秘主義的な所もありますが、問うこと学ぶことが神を信仰することと捉えるところがあるのです。知性の豊かな石角さんはそれに魅かれたのでしょう。

石角さんが、自分は偶然産まれてきたのではなく、意味ある存在として神によって存在させられたのだと認識したのは、そういう見方を選んだということでもあります。それは、神によって導かれたということかもしれません。ここに神の恩寵と人間の自由意志の一致がみられるのかもしれません。

■参考文献

石角莞爾『アメリカのスーパーエリート教育』The Japan Times 2000・2010改訂版
同『日本人の知らないユダヤ人』小学館　2009年
同『アメリカ流真のエリートをはぐくむ教育力』PHP研究所　2009年
同『だから損する日本人』阪急コミュニケーションズ　2011年
同『ユダヤ人の成功哲学タルムード金言集』集英社　2012年
同『ユダヤの生き延びる智慧に学べ』朝日新聞社　2013年
同『ユダヤ教に伝わる健康長寿のすごい知恵』マキノ出版　2014年
同『ユダヤ知的創造のルーツ』大和書房　2017年

第２章　アメリカのユダヤ教

①　キリスト教国アメリカの中のユダヤ教徒（＝ユダヤ人）は、キリスト教をどう見ているか――ラビ・クシュナーとユダヤ教

アメリカにはキリスト教ではなくユダヤ教を信じるユダヤ人が、何百万人といます。彼らはアメリカ市民として、アメリカ国内で大きな勢力を持ち、アメリカ社会に影響を与えています。日本には、仏教徒やキリスト教徒がいますが、日本社会にどんな影響を与えてきたでしょうか。キリスト教は、日本社会に教育や医療の面で、良い影響を与えて来たといえましょう。これからもその役割を持っていると思います。

アメリカ社会に住むユダヤ教ラビ（教師）クシュナー（１９３５年～）は、１９８１年に自分の３歳の息子が早老病にかかり14歳で死ぬという悲運に遭遇したことを通して、『なぜ私だけが苦しむのか―現代のヨブ記（原題『When bad things happen to good people』）という本を書き、全米のベストセラーになり一躍有名になりました。その彼が、１９９３年にユダヤ教ラビとして、ユダヤ人とユダヤ教について書いた本が『ユダヤ人の生き方―ラビが語る知恵の民の世界（原題『To life』）』（松宮克昌訳 創元社 ２００７年）です。

日本人でユダヤ教徒になりイスラエル人になった石角莞爾さんは、ユダヤ教とは生き抜くことを教える宗教であり、また、学習し続ける宗教であると述べられました。この捉え方は、「南無阿弥陀仏」と唱えれば救われると説く日本の法然や親鸞が教えた浄土教の教えとは違っています。神のみ名を呼べば救われると説き、神にゆだね・まかせることを強調するキリスト教の教えとも違っています。

ユダヤ教のラビであるクシュナーは、キリスト教のいう天国や永遠の生命という捉え方をしていないのです。

「ユダヤ人は、この世は、あの世へ行く待合室にすぎない。ユダヤ人が亡くなったら、あの人は今、神と共にいるとはいわず、あの人が生きていた時あの人は神と共にいた。いまは死んで、神の世界に穴があいた、というのです」（『ユダヤ人の生き方』より）。

この考え方は、キリスト教とは違っています。キリスト教は、この世は仮の世、天国が本拠地である。キリスト者にとってこの世は、旅する場所であり寄留地であると説いています。永遠の生命はこの世にはなく天国にある、というのです。

2　ユダヤ教の考え方

ユダヤ人は歴史の始まりから自力で生きねばならない人生であったため、自分の道を見つける何もかもを、自分任せにはしませんでした。ユダヤ人が宗教（神）は愛であることを理解してこられたのは、生きる上での助言や洞察、手引きをユダヤ人共同体やユダヤ社会の伝統に基づくユダヤ教という宗教が、提供し続けたからです。

ユダヤ人は、西暦70年にローマ帝国によって国を滅ぼされてからディアスポラ（国を失った離散）の民として、1948年のイスラエル建国に至るまで、19世紀の間、さまざまな差別と迫害・艱難に遭遇させられてきました。ユダヤ教の神ヤーヴェ（エホバ）を信じながら、生き抜くためには、自力で道を開いていかなければなりませんでした。

そこには、工夫や可能性への知恵の発揮があり、そして生きる上での助言・洞察・手引きをユダヤ人共同体と、共同体の基礎をなすユダヤ教を支えとしてきたのです。

ユダヤ教の神を、生き抜いていくために、彼らは必要としていたのです。

ユダヤ教は、唯一神・絶対神ヤーヴェを信じます。しかし、自力で生き抜き、そのうえで神にゆだねるということでもあるのです。

もちろん、人間には彼を支える共同体があります。しかし、その共同体も絶対なものではありません。裏切ることもありえます。キリスト教会も同じです。これまでの歴史が証明しています。都合がいい時、利害が一致している時はうまくいき、支えてくれるかもしれません。しかし組織である以上、利害が一致しなくなれば見捨てられ、切り捨てられていくこともあります。

しかし人間には理想もあります。裏切りもあるけれども、それでもなお愛の共同体を形成し、共同体につながっていきたいという理想や夢を失いたくないのです。人間は、何度裏切られても愛の共同体を作りたいと希望し、夢を見たいのです。

ありえない愛の共同体をユダヤ教もキリスト教もイスラム教も、理想として掲げたいのです。人間は、それを想像し作り出そうと懸命に努力するのですが、それは神の領域にあるということを認識することが必要かもしれません。

部分的に、一時的に、ある条件の下に、愛の共同体に近いものが存在することもあるということで、よしとすべきかもしれません。

信仰の究極は、共同体ではなく、個人と神との関係なのです。愛の共同体が実現すると考えるのは幻想ではないでしょうか。

3　ユダヤ教の神概念

クシュナーが住むアメリカの約80%は、キリスト教徒です。そこで、クシュナーは、ユダヤ教とキリスト教の共存を常に考えています。では、どうしたら共存できるのでしょうか。それは、私たち日本人のキリスト者についてもいえます。日本に住む多くの日本人は、仏教徒であり、神道の流れにあります。宗教が違います。しかし、共存が出来るのです。事実、共存しているではありませんか。

クシュナーは、ユダヤ人が神を信じるという時、それは「神が存在していること」を肯定しているのではなく、「神への信頼」を肯定しているのだと言っています。
また、ユダヤ教の神概念の基本的前提は〈神は、人間が人間らしい人間になることの可能性を授けていることである〉と述べています。

4 天国と地獄

天国と地獄についての考え方が、ユダヤ教やキリスト教、そしてその流れを汲むイスラム教とでは違っています。

クシュナーは、地獄を信じるユダヤ人はほとんどいないと述べています。現世が苦しい時、人間は来世を待ちのぞみますが、それが天国とは限りません。わからないのです。ユダヤ人は、火が待つ地獄の世界を神の行為とは考えませんが、悪人にせよ善人にせよ、死んだら、人間らしい魂は神のみもとで永遠の時をすごすことになると考えたい、そうクシュナーは自分の〝好み〟を述べています。

慈しみと愛の神が、地獄を置くはずがないというクシュナーの〝好み〟は、キリスト教においても同じだと思います。もし地獄があるのなら、神の慈愛の属性と矛盾します。最期の審判があり、天国へいくものと地獄に落ちるものが峻別されるとしても、慈愛の神が地獄を造っているというのは矛盾ではありませんか。

仏教においても、そうです。閻魔《えんま》大王がいるという針の山や燃え盛る地獄の炎というのも、仏の属性と矛盾しています。人間が想像し創造したものに過ぎないのではないでしょうか。

5 「神の望み」とは

クシュナーは、無神論者とは神の存在を否定する人ではなく、「人間は動物のように本能に従属する存在である」といって人間の倫理的生き方を否定する人のことである、と述べています。

神は善を選び、世界を聖ならしめるように人間の力が行使されることを望まれる、とも述べています。

「神は全知全能か？」というテーゼ（問題提起）に対し、全能とか無限の力という言葉は、哲学的な言葉であって宗教的な言葉ではないといっているのです。

神の力を制限する聖書的（宗教的）なもの、それは、自然法則と善と悪を選ぶ人間の自由意志である、と述べています。このことを、少し説明しましょう。

クシュナーは、神は人間の悪を善に変える力を持つといいます。旧約聖書の人物ヨセフは父がヨセフを可愛がっていることから、兄たちによって嫉妬を受け、だまされて奴隷商人に売り渡されてしまいました。

しかしこの不幸な出来事を、神は善へと祝福に変えてくださったのです。このように苦難や悪を、祝福や善に変えるということは人間には出来ないことです。でも、人間には出来ないことでも、神には出来るのです。私も苦難や災難・迫害を受け、今も受けていますが、神が祝福に変えてくださることを願っています。ヨセフは、彼を売り渡した兄たちに、「あなたがたは私に悪を企みましたが、神はそれを善に変え、多くの民の命を救うために今日のようにしてくださったのです（創世記50章20節）」といいました。

神は、かつて兄弟たちがヨセフを奴隷に売ろうとしたことを望まれてはいませんでした。しかし、そのことを防ぐことができませんでした。神は、不当に苦しむことを防ぐのではなく、苦しみが救いに変わるようにヨセフを導いたということなのです。

クシュナーは、彼の息子が3才にして早老病となり14歳で死ぬという悲運を経験したのです。彼は、この自然法則に連なる遺伝による息子の死という悲運に遭ったにもかかわらず、この悲劇に対処し、生き抜き、それを超越する力を神が与えて下さったと信じることが出来たのです。

彼の息子を死から守ることが出来なかった神は、何百万の人々に癒しと希望を与える一冊の著述にその出来事を結実させることにより、息子の死を贖《あがな》うことを私たちに示したのだと。

クシュナーは、神は悪性の腫瘍《しゅよう》をなくすのではなく、治療法を発見するように人類にきづかいと知性を授けることで癌を治すのであるといいます。神は、奇跡により病気を治し苦しみを癒すのではなく、人間に治療への道を示し、共同で共にきづかう道へと進ませるのです。

スイス人のクリスチャン医師ポール・トゥルニエ（１８９８〜１９８６年）が提唱したコンパッション（compassion 共感・共に生きる・寄り添う生き方）へと誘い導くのです。

6 神は何故、悪の存在を許されるのか？──神義論

クシュナーは、「神は、何故悪の存在を許されるのか？」という問いを発しています。

自分の息子が早老病で死んだ時、彼は神に、〈自分は何も悪いことをしなかったし、神の救いを忠実に果たす神のしもべ・ラビとなって善をおこなってきた。それなのに何故、自分に悪いことや苦難・災難が起こったのか…〉と神に問いかけ、訴えたのです。

また、災難に遭い、誤解や運の悪さで不幸に陥れられた時、私たちは、やはり神に訴えかけます。どうして、こういう災難や苦難に自分が遭うのかと。

或いは、失敗はあったが、その後、努力して善行に励んでいるのに、周囲の人々は以前の失敗をいつまでも言い立て、更生の努力を認めてくれないと。

今は更生し社会生活を立派に果たしているのに、過去に刑法上の罪を犯し服役した前科を持つが故に赦されず、世間から冷たい裁きの目で見られる人々…。鈴木啓之さんや進藤龍也さんらは獄中で回心し、キリスト信者となり、出所後神学校に行き、キリスト教の牧師として社会的貢献をされています。

過去に失敗したことで、いつまでもその重荷を負わせられ続けている人々は今も数多く見られます。

２０１９年11月来日した教皇フランシスコは、〈神は常に許しを与え、出発を始めること・新生することを望まれる方である〉と強調されました。

クリスチャンは、そのような対応を勇気を持ってできる人々です。でも、神が共にいることを信じられないと、この世の常識に押されて勇気が持てないのです。

経済的・権力的上下関係により抑圧を受け続けている人々、日本における部落民やインドにおけるカースト制度に基づく不可触賤民（アンタッチャブル）など、社会的身分差別により抑圧を受け続けている人々は世界で沢山います。そのような理不尽と戦っていたアフガニスタン在住の日本人医師中村哲《なかむらてつ》さんは、２０１９年12月４日襲撃を受け殺されました。彼は、クリスチャンでした。

世界平和を願い、そのために勇気を持って実践しようとすると、経済的・政治的利害からそれを望まない人々から攻撃され、暗殺されようとする人々がたくさんいます。インド独立の父といわれたマハトマ・ガンディー（１９４８年暗殺）、国際紛争の調停に尽力していたがゆえに暗殺されたといわれる国連事務総長ダグ・ハマーショルド（１９６１年暗殺）、インドの前首相インディラ・ガンディー（１９８４年暗殺）、アラブ・イスラエルの平和に尽力しようとしたサダト・エジプト大統領（１９８１年暗殺）とラビン・イスラエル首相（１９９５年暗殺）など。

生れながらの身体的障害というハンディを負いながら、道を切り開いた人々も沢山います。『五体不満足』を著し、努力して早稲田大学を卒業後、車椅子の公立学校の教師となった乙武洋匡《おとたけひろただ》（１

976年～）さん、身長100センチで早稲田大学・香川大学院を卒業しデンマークに留学し、小学校教員を経て、二児の母親となった伊是名夏子《いぜななつこ》（1982年～）さん。手足のない身体に生まれても笑顔の架け橋となった佐野有美《さのあみ》（1990年～）さんは、〈私の原点は、あきらめない心。できないことを悲しむのではなく、出来ることを感謝して生きる〉といっています。

ハンディにもかかわらず、あきらめずにそれと戦いそれを克服した人々は、私たちに励まし生きる勇気を与えてくれます。

昭和38年（1963年）に、三重苦の聖女といわれたヘレン・ケラーを描いた映画『奇跡の人』を見て、当時高校生であった多感な私はとても感動したことを覚えています。

個人としての境涯や運命を、ハンディだからしかたがないとあきらめるのではなく、それと戦い、乗り越えた人々の素晴らしい生命力と共に、そのような社会の差別や偏見・不正義・システム・構造と戦った多くの人々の生き方にも、強い感動をおぼえます。マザー・テレサの生き方やフランシスコ教皇の生き方も、そうです。

人間の歴史の上で圧迫を受け苦しみを受けた人々は数え切れず、人間とその社会が存在しているかぎり、それは社会構造やシステム・メカニズムでもあることから、なくなることはないでしょう。しかし、それと戦い克服した人々もいたのです。それは、滅びに至らせようとする悪魔（サタン）がいると共に、神もまたいるということでもあります。

カール・マルクス（1818～1883年）は、労働者階級の苦しみをなくすために、共産主義を提唱しました。その理想を実現させるため、ロシアや中国・東欧で共産主義国家が樹立されましたが、その現実は、指導者スターリン（1879〜1953年）や毛沢東（1893〜1976年）による自国民5千万人の権力闘争による粛清を生じさせました。その現実は、ユン・チアンの『ワイルド・スワン』（1991年 邦訳 土屋京子訳 講談社 1993年）や『マオ―誰も知らなかった毛沢東』（2005年 邦訳 土屋京子 2005年 2016年文庫本 新訳）、ニキタ・フルシチョフ『スターリン批判』（1956年）などで明らかにされています。

クリシュナーも、ユダヤ人の1900年にわたる差別や迫害・苦難、特にヒットラー（1889〜1945年）による600万人のユダヤ人虐殺について言及しています。〈神は、悪を行なわなかったにもかかわらず、何故ユダヤ人が苦しめられることをゆるしたのか…〉と、人間の苦難の意味を神に問うたのです。

キリスト教会の歴史の中にも、教会権力者により圧迫を受け、冤罪《えんざい》で苦しめられ、処罰・処刑された人々は沢山いました。魔女裁判は、教会内部の主流派と非主流派の権力闘争にすぎません。現代2020年の今も、教会内の内部抗争はあるのです。組織であれば、キリスト教会内においても、権力闘争による抗争と抑圧が今もあるのです。キリスト教とイスラム教という異宗教組織の間の闘争ならなおさら、むろんあることでしょう。

７　「ヨブ記」における苦しみの意味

「悪の存在を、神はどうして許しておられるのか？」という問いは、旧約聖書の『ヨブ記』の中に、善人であるヨブが数々の無辜《むこ》の苦難に遭う出来事として記されています。

『ヨブ記』において、信仰を最後まで貫いたヨブは、そのごほうびとして苦難に遭遇する以前の倍の祝福を受け、めでたしめでたしとハッピー・エンドで結ばれています。

しかし、このハッピー・エンドはなかったという説も出ています。ヨブは、苦難をうけても信仰を棄てず、しかしながら祝福を受けず、悲惨の中に死んでいったという説です。倍の祝福を受けたという記事は、後世に書き加えられた編集句であるというのです。

20世紀最大のプロテスタント神学者として名高いカール・バルト（1886～1968年）と20世紀最大の精神分析医学者カール・ユング（1875～1961年）は、共に、『ヨブ記』（1965年 Helmut gollwitzer 編 邦訳 新教出版 1969年）、『ヨブへの答え』（1952年 邦訳 林道義訳 みすず書房 1988年）を公刊しています。そして、バルトとユングの間に、『ヨブ記』をめぐる論争も起こりました。

教皇候補にも挙げられたカトリックのイエズス会士カルロ・マルティーニ（1927～2012年）は『ヨブ記の黙想』を著し、人間の苦しみの意味を問いかけています。

「神義論」は、神学の問題としてもスティーヴン・ディヴィス『神は悪の問題に応えられるか―神義論をめぐる5つの答え』(Encountering Evil : Live Options in Theodicy ２００1年 邦訳 本多峰子訳 教文館 ２００2年) などで論じられていますが、結局それは善である神が、なぜこの世に悪の存在を許しておられるのか、という問いに絞られます。

クシュナーは、善人になぜ悪いことが起こるのか、と問いました。悪いことをしていないユダヤ教のラビでありアメリカ市民である自分に、なぜ最愛の息子が早老病になり死んでいくようなことが起きたのか、と問いました。クシュナーは、この世には自然の法則が貫徹されていて、それは神の力も及ばないのである、と考えました。

病気や寿命・自然災害は、自然の法則の必然的原理です。

そしてクシュナーは、神の力を制限するものは人間の自由意志である、と述べています。神の全能は強制ではなく、自由意志による応答・可能性を留保するものである、と述べているのです。

ユダヤ人で世界の投資王・慈善家であるジョージ・ソロス（1930年～）の生き方は、人間の自由意志とそれに基づく神の可能性を示す好例といえましょう。ヒットラーの強制収容所送りを回避させるために偽装工作をして逃げ延びたソロスの行動は、自由意志による生き抜くための可能性であったのです。ソロスは、身分証明書を偽造して脱出を計りました。何も工夫せずにナチスのなすままになり、それを神の業・天命とあきらめていたら、ソロスは収容所に送られ殺されていたのです。あきらめずに可能性を信じ、自由意志を行為で示したからこそ脱出できたのです。苦しみや艱難・迫害は、天命や神のみわざではありません。それを切り抜け・生き抜けたかどうか、そこに可能性を与えた神への信頼があるのではないでしょうか。

（坂本陽明『イノベーションとキリスト教マネジメント―共生社会への道』イー・ピックス　2016年　202〜246頁、坂本陽明『聖ヒルデガルドの医療と信仰・キリスト教信仰とは何か』国際霊性研究所　2017年　156〜161頁、坂本陽明『キリスト教的ホリスティック黙想・第三版』教友社　2019年　255〜257頁に詳述されています。ソロス『ソロスの資本主義改革論―オープン・ソサエティを求めて』日本経済新聞社　2001年、ソロス『グローバル・オープン・ソサエティ』ダイアモンド社　2003年、カウフマン『ソロス』ダイヤモンド社　2004年、ソロス『ジョージ・ソロス』NHK出版　2008年、ソロス『ソロスの講義録』講談社　2010年において、ソロスは、経済を論じながら、そこに神の存在をも探求しているのです）

第3章　キリスト教の諸様相

1　反逆と反骨の思想家ラムネーの信仰と挫折

世界の歴史をどう捉えるかということは、難しいことです。

フランス革命は、１７８９年、自由・平等・博愛を掲げて封建的な絶対王政を倒した正義の革命、人間を解放した金字塔といわれています。フランス人民が立ち上がって、権力をにぎっていた支配階級を打倒しました。啓蒙主義が起こり、カトリック教会は迫害される立場になっていったのです。学校の教科書でもそのように教えられています。

16世紀に起こったルネッサンス（文芸復興）、及びそこから導き出されたルターの宗教改革も、人間の良心を認めたヒューマニズムの金字塔として一般には評価されています。それ以前の中世ヨーロッパは、カトリック教会が支配した暗黒時代であった、と。

カトリック教会を打倒したこの革命で多くの聖職者は殺され、教会側にとっては災難の暗黒時代でありました。多くの司祭たちが犠牲になり追放されました。しかしそんな中から、カトリック・マリア会が、シャミナード神父（１７６１〜１８５０年）によって創設されました。また、カトリック・イエズス会は、その成功をねたまれていたゆえに、解散させられていた（１７７３年）ものが、その後復興を認められるに至りました（１８１４年）。

カトリック自由主義の生起によってカトリック教会は復興し、ラムネー神父（１７８２〜１８５４年）は、人間の自由とヒューマニズムを擁護する「未来」誌を創刊。はじめは教皇絶対服従の立場を取り、後に聖職者批判の立場を取って教皇を批判し、司祭職をはく奪されるに至りました。彼は、社会主義と自由主義の立場に徹して、反骨と反逆の生涯を貫いたのです。

２　プロテスタントの成立をどう捉えるか

キリスト教の歴史には、矛盾するようなことが、たくさん起っています。

信仰の内容をめぐり、さらには、この世的な政治権力が関与していろいろな現象や出来事を生じさせていました。歴史とは、神の導きと人間の自由意志があいまって、歴史を生じさせてきたといえるのです。

ラムネーは司祭を辞し、一信者としての立場から、カトリック信仰とは何か、教会とは何かを『一信者の言葉』として公刊しました（１８３４年）。

16世紀、いきがかり上カトリック教会を離脱し、プロテスタント教会という新しい教団を創立することに追いやられたマルティン・ルター（１４８３〜１５４６年）は、宗教改革者として今も尊敬され続けていますが、ラムネーは司祭職をはく奪され、挫折と失意のうちに病気でなくなりました。

キリスト教会の歴史の中には、矛盾することがいろいろ起こっています。全能で正義、慈愛の神が現存しておられるのに、どうしてこのような不条理なことが起こるのでしょうか。

魔女として、カトリック教会から火あぶりの刑に処せられたジャンヌ・ダルク（１４１２〜３１年）が後に聖人に挙げられたり、宗教改革者ルターが、第二バチカン公会議（１９６２〜６５年）前までカトリック教会から悪魔と見なされていたのが、公会議後はキリストにある兄弟と呼ばれるに至ったりしているのです。

矛盾することがどうして起こるのか、私たちにはわかりません。しかし、現に起っているのです。信仰のありかたにいろいろ違いがあるのも、人間のユニークさや独自性から自ずと起こったこと、なさしめたことともいえるかもしれません。

そこに政治的権力が介入してくると、権力を持つものの裁きという形で、力の弱い者を弾圧し迫害するということも起こってきます。それが、中世の魔女狩りや魔女裁判、正統と異端という形で具体化されてきたことは、皆さん周知の事実です。

多様性を認めるという寛容さではなく、弾圧や迫害という形になっていったのです。

３　プロテスタントとカトリック

　では、プロテスタントとカトリックの違いは、どこにあるのでしょうか。プロテスタントの成立以来、いろいろな視点や観点から両者の違いは説明されてきましたが、ここでは私の体験から説明したいと思います。

　私は、始めプロテスタント教会にも行っていました。しかし、イエズス会上智大学の外国籍の神父さまたちに接し、カトリックを選び、司祭への道を歩むに至りました。

　その原点は、内村鑑三《うちむらかんぞう》（１８６１～１９３０年）の無教会主義のプロテスタント信者だった最高裁判所長官の田中耕太郎《たなかこうたろう》先生（１８９０～１９７４年）が、プロテスタント信仰の主観中心の信仰からカトリックの恩寵中心の信仰を体験され、カトリック信仰を選ばれたのと似ています。

　目白椎名町の田中先生のお宅で、先生から個人的に教えを受けた私は、そこに、キリスト教の神信仰の原点を見い出したように思います。先生の信仰の在り方は、『若き日の信仰』や『学生の疑問に答える』などの著書に詳述されています。

　それは、〈人間が救われるのは、人間の行いによるのではなく、全く、愛の神の一方的愛や慈悲による〉ということなのです。人間が良いこと、正しいことをしたから救われる・報われるのではなく、憐れもうとする神の慈悲があるから救われ、恵まれるということなのです。自分が悪い事をしても、回心させ、より良く生かさせようとする神の愛や慈悲が勝っているから、自分は救われ、良い方に導かれ、幸せを得ることができるのです。ここに、カトリック教会の恩寵による信仰理解の原点があります。

これに反しプロテスタントは、あまりにも人間の主体性や主体的決断を強調し、「我信ず」ということを強調することから、自分が信じなくなると、神の存在もなくなってしまうように思うのですが、これは間違いです。自分が信じようが信じまいが、過ちを犯そうが犯すまいが、神のみ旨、愛や慈悲は変わらないのです。そこに、救いの原点と核心があります。

司祭であることの秘跡（サクラメント）をはじめとする、教会の秘跡の絶対性の基礎も、神の愛や慈悲が先行するところにあります。カトリック教会の教義の考え方もここに依拠しています。

この信仰理解を田中耕太郎先生から学んだことは、それから45年を経た今も、自分の信仰理解の基礎となっているように思います。

４　現教皇フランシスコの信仰理解とエキュメニズム

カトリックとプロテスタントの違いは、ヨハネ23世教皇（１８８１〜１９６３年　在位１９５８年〜６３年）によって開催されたカトリックの第二バチカン公会議（１９６２〜６５年）によるカトリック教会の信仰理解によって、大きな変遷を見せるようになりました。

両者の違いを強調し、カトリック教会の正統性を主張したトリエント公会議（１５４５〜６３

年）とは打って変わって、プロテスタント教会を、悪魔・敵と呼んでいたのを兄弟と呼ぶようになり、歩み寄っていく態度を示すようになりました。多様性の一致を打ちだし、和解への道を指向したのです。この道は、エキュメニズム（教会一致運動）と呼ばれ、プロテスタント教会だけでなく、仏教など他宗教との協力へと道を開いたのです。

ヨハネ23世が提唱したこのヴィジョンは、後継者パウロ６世（１８９７〜１９７８年　在位１９６３〜７８年）、ヨハネ・パウロ２世（１９２０年〜２００５年）、ベネディクト16世（１９２７年〜　在位２００５〜２０１３年）、現教皇フランシスコ（１９３６年〜　在位２０１３年〜）によって継承され、発展させられています。

現教皇フランシスコは、次のようにキリスト教を理解しています。

「キリスト教は、愛といつくしみ（慈悲）の宗教です。それは、ゆるしの宗教です。イエスは、無制限にゆるしを与えます。それは、過去の過ちを思い出さず、新たにその人にチャンスを与えることです。ゆるすということは、神様と同じように、その人を信じ続けることです」

「今年（２０１９年）の聖週間の聖木曜日のミサの中で、教皇は洗足式を行い、カトリック教徒のみならず、仏教徒やイスラム教徒の足も洗いました」

「人間らしくあることと神を信じることは、別々のことではなく、

来日の際イエズス会修道院を訪れた
フランシスコ教皇

同じことなのです」
「聖霊は、キリスト者の上に注がれるだけではなく、すべての人の上に注がれるのです」
現在のカトリック教会は、このような素晴らしいトップをいただいていることに感謝したいと思います。

５ 現代のユダヤ教ラビ・ヘッシェルとフランシスコ教皇〈その１〉矛盾は人間が限界を持つ存在であることから生じる

私は、幼児の時に洗礼を受けたのではありません。青年の時、自らの意思でキリスト信者になり、イエズス会の外国人神父さまを見て、キリスト教の救いの内容と家族を超えた世界の広さを認識し、カトリックの世界を知り、外国宣教にも赴きました。家族へのこだわりが強かったら、カトリック信仰との繋がりがこれほど深いものとはならなかったでしょう。カトリック信者になったことにより、信者以前の世界より視野が大きく広がり、経験も知識も宗教体験も進化したと思っています。それは、この世の矛盾や現実と理想との距離をかけ離れたものと思わず、当たり前のことと思う見方へと、近づけてくれたようにも思います。

この世に多くの矛盾があるのは、人間に限界があるからと悟るようになりました。私自分にも多くの矛盾を行なう所があり、歳を取り経験を多く重ねるにつれ、人間と社会の矛盾は人間そのものが限界を持つ存在だからと認識するようになりました。

東京神学大学教授で、著名なプロテスタント神学者の北森嘉蔵《きたもりかぞう》（１９１６〜９８年）は、〈罪人であるゆえに神を怖れ逃げ隠れていたモーセを神が招いたのは、矛盾した行為であった〉と述べています。モーセには、「罪人にして神の選びを受けた人間」という両方の面があったのです。

その矛盾する生き方は、私たち人間の姿でもあります。罪人や限界を持つ者でありながら、神の選びや呼びかけを受けた者、それが私たちであり、私なのです。自分の無力さや限界よりも、神からの選びや使命の授与という恵みの方が大きいのです（北森嘉蔵『旧約聖書物語』講談社）。

北森先生は、私の在籍していた大学にも講師として来られていたので、講義を聞いたことがあります。ヘッセ研究者でドイツ文学者の高橋健二《たかはしけんじ》（1902～98年）先生の講義にも出たことがあります。目がほとんど見えなかったにもかかわらず授業をされた経済学者のアダム・スミス（1723～90年）の研究者であった社会科学者の高島善哉《たかしまぜんや》（1904～90年）先生も、なつかしく思い出します。

北森先生は、神が人間を愛し、和解のためゆるしを与え続ける痛む神であると捉えられ、「神の痛みの神学」を提唱したのです。神が痛むということは、罪を犯してもなお、その人間を救おうとされた神の愛が、和解・許し・贖罪となったことから、そのような表現をとられたのだと思います（北森嘉蔵『神の痛みの神学』講談社）。

それから40年後の2020年の表現でいえば、フランシスコ教皇やスイスの医師トゥルニエの表現、「コンパッション（compassion　共感・寄り添う）」ということでしょうか。コンパッションは、その原意を「神共にいます（インマヌエル）」に由来しています。

思い出の先生といえば、トマス・アクイナスの研究者で、カトリック信者である稲垣良典《いながきりょうすけ》（１９２８年〜）先生は、今年（２０１９年）、92歳の高齢で神の探求の本を出版されました。個人的にもお話ししたことがあり、その碩学と学問探求の姿勢に感動しています。１９７１年の『現代カトリシズムの思想』（岩波書店）、１９７９年の『人類の知的遺産 20 トマス・アクイナス』（講談社）、２０１９年の『神とは何か―哲学としてのキリスト教』（講談社）など多数の本を出版されました。

６ 現代のユダヤ教ラビ・ヘッシェルとフランシスコ教皇〈その２〉ヘッシェルとマルティン・ブーバー

現代のユダヤ教の著名な人物といえば、マルティン・ブーバー（１８７８〜１９６５年）、アブラハム・ヘッシェル（１９０７〜７２年）を挙げることが出来ましょう。

同じユダヤ教をベースとして、キリスト教との連関を追求していった思想家として、心理学者・社会学者のエーリッヒ・フロム（１９００〜８０年）もよく知られています。『自由からの逃走』『人間に於ける自由』『生きるということ』『愛するということ』『悪について』『希望の革命』『人間の解剖』『正気の社会』など、多数の著作があります。

哲学者として、大著『希望の原理』『キリスト教の中の無神論』を著したエルンスト・ブロッホ（１８８５〜１９７７年）も、ヘルベルト・マルクーゼ（１８９８〜１９７９年）と共にマルクス主義を人間解放の哲学として推進したユダヤ人思想家として知られています。１９６０年代から７０

年代にかけて、私が大学生の頃にポピュラーでした。

ヘッシェルは、これらユダヤ系の思想家たちがナチスに迫害された時期に、同じくアメリカに渡り、ユダヤ教の神とは何かを探求し続けたユダヤ人哲学者・神学者として知られています。人種差別に抗議し、アメリカの黒人差別反対運動にマルティン・ルーサー・キング牧師（1929～68年）と共に戦いました。

ヘッシェルの理解する信仰とは、真理を探求するために、学習することと祈り、そしてトーラー（モーセの教え）の実践にほかなりませんでした。

祈りとは、神と語り神の自分へのみ旨を探すこと。トーラーの実践とは、人の生き方を探すことです。

東欧ユダヤ人の共同体社会における伝統的ユダヤ教ハシディズム（敬虔なユダヤ教）を奉ずる家柄に彼は生まれ、その生き方を生涯貫いたのです。

それは、日常性の聖化とイスラエルの民への熱愛を基いとし、宗教的習慣の遵守や訓練を信仰の中心に置き、秘跡（目に見える信仰の形）を重視するものでした。

それに対しブーバーは、ユダヤ教の習慣としての一日三回唱える祈りや、ヘブライ聖書に導かれる祈祷と礼拝という聖なる業を行なうというより、ユダヤ教の真理（トーラー）と西欧の伝統的哲学との融和・統合をはかり、理性や合理性によるユダヤ教の啓示の解明を試みんとしたところに特徴がありました。ユダヤ教を、西欧伝統哲学によって啓蒙させていくことに力を注いだといっていいでしょう。『我と汝』という対話的原理を提唱することによって、ブーバーが理解するユダヤ教は、西欧キリスト教社会から受け入れやすくされていったといえましょう。

ヘッシェルのユダヤ教の神とは、義（ツェダカー）と憐み（ヘセド）と真実（エメト）の神であり、それを生活の中で具現化していくのが信仰者の生き方であり、生活の聖化に他ならないというものでした。

もちろんここには、絶えず義と憐み、真実である神がどうしてナチスによる６００万人のユダヤ人を虐殺したのかという問いかけは解かれておらず、据え置かれたままになってはいますが…。ヘッシェルが、アメリカの黒人差別に徹底して戦った所以《ゆえん》は、据え置かれた疑問への究明でもあったのかもしれません。

前章で、ユダヤ教徒になった日本人・石角さんが、その理由に、ユダヤ教が学習を強調するところに魅かれたことを紹介しましたが、ユダヤ教が、学習する宗教であることは、ヘッシェルの行き方からも知られます。

真理を探求すること、学問を学び探求することと神を探求することは、ユダヤ人にとって一つなのです。

私も、少年時代から本を読むのが好きで、73歳の今に至るまで、本を収集して読書する道楽・習慣は続いています。引っ越しする時、蔵書の移動がいつも大変でした。部屋は、図書館のようで足の踏み場がありません。

7 ヘッシェルとマイモニデス──知解を求める信仰

ヘッシェルは、真理探究という学問への指向を、偉大なユダヤ教の教師・マイモニデス（1135～1204年）から学びました。マイモニデスは、卓越した医師・哲学者・神学者として知られ、ヘッシェルも『マイモニデス伝』を完成させています。

キリスト教においても、信仰と理性の問題は、神学の主要問題でありましたが、ユダヤ教においても同様であったのです。

マイモニデスは、最も偉大な理性の人であるアリストテレス（前384～322年）を、イスラエルの預言者と共に、神の真理を知らせる導き手としてとらえていたのです。しかし、理性は啓示という預言にあずかり、それに導かれて、はじめて全きものとなると述べています。理性と啓示の関係は、キリスト教の教父（カンタベリーのアンセルムス1033～1109年）の定式「知解を求める信仰」と軌を同じくするのです。

現代ユダヤ教の教師たちは、キリスト教に接近しています。カトリックの第二公会議が、エキュメニュズムを提唱してから、カトリック神学者の中にも、現代社会における宗教の多くの意味を探求し、その役割を考察・究明している学者は少なくありません。ハンス・キュンク（1928年～）は、その一人です。キュンクの神学から導きだされるエキュメニズムは、その実践をフランシスコ教皇の信仰・神学理解とその行動の中に見出されるように思います。

キュンクは、プロテスタントの20世紀最大の神学者カール・バルト（１８８６〜１９６８年）の義認論を博士号論文に選び（パリ・ソルボンヌ大学）、１９５６年完成させました。彼は、カトリック・プロテスタント両神学を究明したのです。

バルトも、１９３１年、カトリック教父・アンセルムス（１０３３〜１１０９年）を研究し、『知解を求める信仰 fidesu querens inntellectum Anselm Beweis der Existenz Gottes』を公刊しています。（アンセルムス、バルトの研究は、rectitudo の研究として、中国の王陽明の思想との比較研究として、拙論があります。坂本陽明『アンセルムス rectitudo』王陽明「知良知」、日本思想「正直《せいちょく》」の比較研究）中国語輔仁大学　１９９０〜９１年）

８　ヘッシェル・キュンク・シャルダン・リュバック――次回作の予告

カトリックのエキュメニズムの流れ、特に、神学者ハンス・キュンクの提示した方向性とテーゼ（研究課題）は、本書の展望を示唆するもののように思います。

本書は、仏教の成立事情を詳述し、ヒンズー教やギリシャ思想と仏教との比較などを、仏教成立の観点から論じてきました。

次回作においては、キリスト教成立の観点から、イスラム教との考え方・実践面における比較を考察し、宗教そのものの探求をさらに深めていきたいと思います。

13世紀に、既に、イスラム教とユダヤ教を結ぼうとしていたマイモニデス、第二バチカン公会議の先駆をなした世界的な科学者であったイエズス会士・テイヤール・ド・シャルダン神父（1881～1955年）、第二公会議のエキュメニズムの方向を促進させたハンス・キュンク神父、カトリックの伝統と公会議の進歩性、双方のバランスを指向したアンリー・ド・リュバック（1896～1991年）を論陣に加え、次回作を刊行したいと思っています。

■参考文献

マイモニデス『悩める人々の為の導き』12～13世紀
A・J・ヘッシェル『マイモニデス伝』1935年
同『人は独りではない』1951年 森泉孝次訳　教文館　1998年
同『人間を探し求める神』1955年　同　同　1998年
同『イスラエル預言者』上下　1962年　同　同　1992年
同『イスラエルー永遠性のこだま』1968年　同　同　1998年
同『神と人間の間ーユダヤ教神学者ヘッシェルの思想入門』1959年　同　同　2004年
森泉弘次『幸せが猟犬のように追いかけてくるーA・J・ヘッシェルの生涯と思想』同　2001年
テイヤール・ド・シャルダン『シャルダン著作集9ー科学とキリスト』1965年　渡辺義愛訳　みすず書房　1971年訳
G・H・ボードリィ『テイヤール・ド・シャルダン　信仰と科学』1969年　後藤平・三嶋唯義訳　創造社　1978年訳
C・キュエノ『ある未来の座標　テイヤール・ド・シャルダン』1962年　周郷博・伊藤晃訳　春秋社　1970年訳
アンリード・リュバック『カトリシズム』1938年、1983年　小高毅訳　エンデルレ書店　1989年
同『パラドックス』1959年　中村清訳　エンデルレ書店　1972年訳
同『永遠に女性的なるもの』1968年　山崎庸一郎訳　法政大学出版局　1980年
同『神の恵みと人間』1980年　小高毅訳　サンパウロ　1998年

第４章　イスラエル巡礼の旅の説教

①「Good morning」は、神が今日も良い一日にしてくださるようにという祈りの言葉です

イスラエルに入国して、最初の朝を迎えました。朝のモーニング・コールは「Have a good Day！」でした。

「good」は、英語で「良い」という意味です。ですから、「今日も、良い一日を」という意味になります。ドイツ語では「guten」、フランス語で「bon」、イタリア語で「buon」、スペイン語では「buenos」といいます。

これらの言葉は、ラテン語の「bonus 良い・善い」という意味から来ているのです。ですから、「おはよう」は、「今日も良い日でありますように」「神が今日も良い日にしてくださいますように」という、神への信頼や願い・祈りが込められている言葉なのです。

私がはじめてイスラエルを訪れた時のことでした。エジプトからシナイ半島を渡って、イスラエルに長距離バスで行った時のことです。私はいつも一人で旅行をするので、この時も一人でした。真夏だったので、バスの中で熱さのため体調が悪くなり、死ぬかと思うほどでした。エジプ

ト領内の駅で降りて、旅館を探し、着くなりバタンと臥せってしまいました。衛生状態も悪いエジプトの田舎で、知り合いも連絡する方法もなく、病院もなく薬屋で薬を求めることもできず、このまま死ぬのかと思いました。日本から持参した風邪薬を飲み、朝になったら不思議に体調が回復していました。この時、私は思ったのです。

神は人を助ける時、具体的には、人を通して助けます。しかし助ける人がいない時、直接神が救われることもあるのだということをこの時体験しました。不思議な出来事でした。その時助かったのは、まだ私の死ぬ時ではないと神が思われ、私の生を残してくださったのではないかと思われたのです。

今日一日が、そしてこれからのイスラエル巡礼が、神様が良い時にしてくださるように、祈りたいと思います。（2月13日）

2 ソドムとゴモラの旧跡とロトの妻の塩柱

ソドムとゴモラの旧跡に、私たちは来ています。神が悪に満ちた頽廃の町ソドムとゴモラを滅ぼそうとされた時、そこに滞在していたアブラハムの甥ロト一族を救出されようと道を開かれたのです。その時神はロトたちに、彼らの救いの道を開かれると共に、「後ろを振り向いてはいけない」（創世記19章）と命じられたのです。しかし、ロトの妻は後ろを振り向いたので、そのままの姿で塩の柱にされてしまったのです。

皆さん、私たち人間には、神から「良心」が賦与されています。しかし、その人間の良心による善悪の判断は、すべてが正しいというわけではありません。ですから誤りもあります。裁判所による冤罪もありうるのです。

キリスト教会にも、魔女として異端視し処刑したジャンヌ・ダルクを、後日、聖人として列聖することもあり得るのです。ロトの妻も、人間的思惑や判断から後ろを振り向いたのでしょう。人間的には善悪の問題ではなかったのかもしれません。私たちは、人しかし、神の命令は絶対であったのです。人間社会の通念や常識、国連の人権擁護を善悪の判断基準にして、物事を処しているかもしれません。しかし、それは、絶対なものではありません。神を信じる信仰に基づく神の判断は絶対のものであり、それに従うことが信仰者の生き方です。ロトの妻の塩柱は、このことを思い起こさせてくれます。（2月14日）

ソドム・ロトの妻の
塩柱を背景に

3　イエスの洗礼――ヨルダン川でのミサ

今日は、イエスが洗礼者ヨハネから洗礼を受けたヨルダン川を目の前にして、ミサにあずかっています。洗礼者ヨハネが修行をされたとされる、クムラン教団エッセネ派の洞窟にも行ってきました。当時のユダヤ社会には、生き方についていろいろな考え方を持った人々がいました。圧政者ローマからの政治的独立を求め、その指導者・救い主を求める集団。これは、熱心党（ゼロータイ）と呼ばれます。イエスに従った人々には、地上の救世主やローマからの政治的解放、自由を求める人々が多くいたのです。ですから、イエスが地上の救い主でなく、政治権力により逮捕され十字架にかかろうとすると、これらの人々は、イエスから離れ、イエスを見捨てたのです。これは、私たちにも当てはまります。イエスの救いを、この世の富や権力・成功・栄光に求めているなら、私たちは期待を裏切られ、失望し、イエスを見殺しにもするのです。

サドカイ派という集団もいました。彼らは、祭司・貴族階級・富んだ人々から成り、天使や霊・神の摂理を否定し、身体の復活・霊魂の不滅・死後の報いを否定し、現世の富や享楽が人生最高の幸福と考えていました。モーセの律法を字義通りに守り、神殿の偉大さと選ばれた民の優越を誇ることに、生き方の中心を置いていたのです。

回心前にパウロが属していたパリサイ派は、モーセの教えを厳格に守り、神の正義・個人の自由・霊魂の不滅・死者のよみがえり・煉獄と地獄を信じて生きたのです。

そして、エッセネ派がありました。水による浄め、即ち洗礼（バプティズマ）、ぶどう酒とパンによる分餐、共同の祈りと学習、集団（共修）生活、服従と貧困と純潔を守る修道的生活が、特色でした。イエスのまたいとこであった洗礼者ヨハネ（イエスの生母マリアの従妹エリザベツの息子）はこの派に属し、クムランで生活していたことが、１９４７年に発見されたクムラン文書からさらに明らかになりました。イエスも、この教団に属し生活していたともいわれています。

しかし、ユダヤ教はユダヤの民のみを神の選民として神が救うと説いたのに対し、イエスの教えは、神を信じ真理と愛の生き方をするすべての民を救う、という点において異なっていました。日本人である私たちも、真理と愛に生き、神の恩寵（gratia）とあわれみ（misericordia）に生きるなら、救われるのです。その生き方を、同胞である日本人に伝えていきたいものです。（2月15日）

4　心の貧しい者は、幸いである

私たちは、今、イエスの育った郷里であるガリラヤに来ています。そして、イエスが説教をした山上の垂訓の場所を見ています。

今日の福音書は、その山上の垂訓の「心の貧しい者は、幸いである」の箇所です。この箇所は、マタイ福音書5章とルカ福音書6章にあります。

マタイは「心の貧しいもの」とし、ルカはただ「貧しいもの」と表記していますが、ユダヤ人にとって、意味は同じことなのです。

この箇所のギリシャ語原文は、Makariosu となっています。Makarios は「幸い」、putokoi は「貧しい」、puneuma は「心」「霊」を意味していますから、原文に忠実に訳すと「心の貧しいものは、幸い」となります。しかし、単語の意味通り訳しても、「心の貧しい」という意味は、明確にはつかめません。「心の貧しい」という意味を、ユダヤ人たちがどう捉えていたかということこそ、大切なことなのです。

ナザレでのミサ

ハンガリーが共産党によって席捲された時、アルプスをスキーで逃げたといわれる神言会のハンガリー人ユリウス・アブリ神父さまは私の霊的司祭でしたが、神学校の先生でもあったので、1978年にカトリック・プロテスタント共同訳聖書が刊行された時、日本では明治以来伝統的に「幸いなるかな、心の貧しき者」と訳されてきたのに、「ただ神にのみより頼むものは、幸い」と訳されたのは、おかしいのではないかと聞いたのです。すると、神父さまは、「いいえ、この訳でいいのです」と答えられたのです。

私たちは、自分の自業自得によって失敗し、苦しみを背負うことになり、心も物質的にも貧しくなっていくことがあります。それでもなお、この苦しみや失敗・貧しさから立ち直る道を探しているのです。また、災難や病気・冤罪・社会的環境への不適応・人間関係のもつれ等から、失敗や苦しみ・貧困を背負うことがあります。いずれもが「十字架」です。このような苦しみから逃れるすべを、人間は探しているのです。しかし、その救いは、自分の努力によっては得られません。友人や頼りになる味方、家族や組織・教団・国家に頼ろうとしますが、彼らは完全ではありませんから、裏切り見捨てることもあるのです。そのことを、ユダヤ人たちは体験から知っていました。そのような体験を経て、ユダヤ人たちは、人間を作った絶対なる神にのみ頼ることこそ、真の救いの道であることを悟ったのです。

「ただ神にのみより頼むものは、幸いである」という言葉は、このようなユダヤ人たちの体験を基礎として、イエスによって語られたものなのです。「心の貧しいもの」「物も精神も貧困にあえぐもの」であればこそ、神に頼るしかなくなっていく。ゆえに、神と出会うということなのです。イエスはこれを、幸せと言ったのです。アブリ神父さまは、こう述べられたのでした。

ケセン語聖書を出された岩手県大船渡市在住の医師・山浦玄嗣先生も、そう訳されておられます。（2月16日　主日）

5 エルサレム市内とダビデ王

ユダヤ教の指導者や預言者の中で、最大の指導者・英雄はモーセであることはいうまでもありません。そして、最大の王といわれるのは、ダビデでしょう。

ダビデは、軍人として優れた戦術家であり、政治力・統治能力において傑出し、ユダヤ王国の興隆期をもたらした偉大な王でありました。

また、竪琴を奏《かな》で、詩をつくり詠じた詩人でもありました。それは、旧約聖書の中に詩編として残されていることはご承知の通りです。詩は、ダビデの信仰告白を表白したものであり、流麗な韻律と歌詞の中に、ダビデの深い神への信仰が祈りとして刻まれています。これらの詩編が、カトリック教会の典礼聖歌に多く取り入れられていることは、皆さんよくご存知の通りです。

『もろもろの天は神の栄光を現し、大空は御手の業を示す。この日言葉をかの日に伝え、この夜、知識をかの夜におくる。語らず言わず、その声聞こえざるに、その響きは全地にあまねく』（詩編19編）

『わが神　わが神　なんぞ　我を見捨てたまふや。いかなれば、遠く離れて、我を救わず、嘆きの声を聞き給わざるか。されど、主は悩む者の苦しみを見捨て給わず』（詩編22編）

この詩は、イエスが十字架に架けられた時、祈り叫んだ祈りです。イエスは、このダビデが苦しみに遭った時に祈った詩を、最後まで言い切れずに絶命したのです。

ダビデを主人公としたアメリカ映画が二本ありました。一本は、1951年に製作された「ダビデとバテシバ（David and Bathsheva）」という映画です。監督はヘンリー・キングで、ダビデ王をグレゴリー・ペック、バテシバをスーザン・ヘイワードが演じました。

神の人・聖王であるダビデ王も愛欲には勝てず、軍人である部下ウリヤの妻バテシバを愛し、妻とするため、ウリヤを戦場の最前線に送り戦死させたのです。このようにしてバテシバと結婚したダビデの非道を、神は預言者ナタンをして告げさせました（「サムエル記下11～12章）。このナタンの非難にダビデは、自身の罪を認め、神にゆるしを願い祈りました。それが、有名な「詩編51編」であったのです。

「ああ神よ、願わくは、汝の慈しみによりて、我を憐れみ、汝の憐憫《あわれみ》のおほきによりて、我がもろもろの咎《とが》をけしたまえ。我が不義をことごとくあらいさり、我を我が罪よりきよめたまへ。我は我が咎を知る。我が罪は常に我が前にあり。我は汝にむかひて、ただ汝に罪をおかし、御前にあしきことを行なへり。

されば、汝ものいう時は義《ただ》しとせられ、汝さばくときは咎めなしとせられ給ふ。汝ヒソプをもて我をきよめたまへ。さらばわれきよまらん。我をあらいたまへ。さらば我雪よりも白からん。
ああ神よ、我がために清き心をつくり、我がうちになほき霊をあらたにおこしたまへ」（詩編51編）

そのダビデは、晩年、最愛の息子だった第三子アブサロムに反逆され、アブサロムを戦死させるという悲劇に見舞われます。王座を奪おうとしたアブサロムに不意をつかれ、王宮を逃れるダビデを、脚色を加えながら、「詩編」の祈りで描いた映画が「キング・ダビデ 愛と戦いの伝説」です。1986年に製作され、ダビデ王にリチャード・ギアが扮しました。

アブサロムの不意の反逆に襲われたダビデは、数名の部下と共に、馬で命からがら王宮を脱出し、逃亡するのですが、日は暮れ、雨が激しく降りはじめ、最愛の息子に反逆されズタズタに引き裂かれた、悲しみにあるダビデの気持ちを表現するように、詩編が映画の画面に映し出されていくのです。
「我が神、我が神、なんぞ見捨てたまいしや」（詩編22編）
「ああ主よ、なんぞはるかに立ちたまふや。なんぞ患難《なやみ》の時にかくれたまふや（詩編10編）

エルサレム・ヴィアドロロサ
（悲しみの十字架の道）

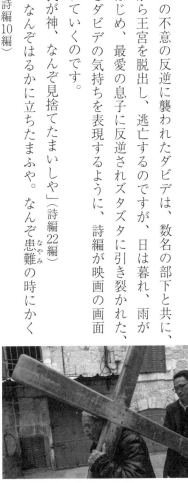

そして、ダビデの祈りは、詩編23編へと導かれていくのです。

「主はわが牧者なり。我乏しきことあらじ。主は我を緑の野に臥《ふ》させ　いこひのみぎはにともないたまふ。主はわが霊魂をいかし　み名のゆえもて　我を正しき路に導きたまふ。たとえ、死のかげの谷をあゆめども　わざわいをおそれじ。汝我とともにいませばなり」（詩編23編）

ここに、信仰者ダビデの真情が吐露されているように思います。（2月19日）

6 ヘルマン・ホイベルス神父さまと十字架の意味

イスラエル巡礼の旅も、あと二日となりました。昨日は、イエスさまが十字架を背負された十字架の道行の通りであるビィアドローサ（ラテン語で悲しみの道と呼ばれる）を歩き、みなさんはイエス様の十字架をかつがれました。

みなさん、十字架とは何でしょうか。

東京のイグナチオ教会の主任司祭、イエズス会のヘルマン・ホイベルス神父さま（1890～1977年）の晩年の姿から、十字架の意味を少し話してみたいと思います。

私は、素晴らしい神父さま方の晩年に、幸いにも接することができました。昨年12月8日無原罪の聖母マリアの日に、百歳を迎えられた東京教区司祭の澤田和夫神父さま（1919年〜）、フランシスコ会の聖書研究所所長として尽力され、兄弟四人ともフランシスコ修道会士となられ、兄弟併せて誓願二百歳をアメリカで祝われたシュナイダー神父さま、パリ・ミッション会のJ・ムルグ神父さま（1908年生まれ）、神言会のユリウス・アプリ神父さま（1914〜2004年）などでした。

ホイベルス神父さまは、戦前、上智大学学長をつとめられ、おだやかな人柄で、「細川ガラシヤ夫人」の戯曲を書かれ、歌舞伎座で中村歌右衛門によって上演されたこともあります。晩年は病床にあり、私は神父さまのイグナチオでの講座を受講していたこともあり、何度か上智大学イエズス会修道院SJハウス内の病室に御見舞いに行ったことがあります。看護師が私の友人であったこともあり、気楽に行けたこともありました。

扉を開けると、寝ている神父さまが上半身を起こし、顔に笑顔を現してくださったのです。それは、「よく来てくれたね」という歓迎のあいさつだったのです。言葉も話せなくなっており、身体を動かすこともできない神父さまが、できる唯一の愛の表現だったのです。

神父さまには「人生の秋に」「キリストの言葉」「神への道」など著作が沢山ありますが、それらの中で、神父さまはこう言っておられます。

「人生で難かしいことが三つある。それは、いつも喜びを持っていること。人を愛すること。

そして、この世の中を解き明かすことである」と。

神父さまは、難しいからこそいつも、喜びを持つように努め、人を愛する方を選び、世の中を受け容れ肯定し、神と他者に委ね、任せようと努められたのです。

そこに、苦しみの十字架を超えた神の道、神のみ旨を生き切る神の創造の目的に叶う人間の生き方、神との一致に生きる生き方が現れているのではないでしょうか。

ホイベルス神父さまの書かれた有名な詩があります。

最上のわざ

「この世の最上のわざは何?

楽しい心で年をとり、

働きたいけれども休み、

しゃべりたいけれども黙り、

失望しそうな時に希望し、

従順に、平静に、おのれの十字架を担う——。

若者が元気いっぱいで神の道をあゆむのを見ても、ねたまず、

人のために働くよりも、けんきょに人の世話になり、

弱って、もはや人のために役だたずとも、親切で柔和であること——。

老いの重荷は神の賜物。

古びた心に、これで最後のみがきをかける。まことのふるさとに行くために——。

おのれをこの世につなぐくさりを少しずつはがしていくのは、真にえらい仕事——。

こうして何もできなくなれば、それをけんそんに承諾するのだ。

神は最後にいちばんよい仕事を残してくださる。それは祈りだ——。

手は何もできない。けれども最後まで合掌できる。
愛するすべての人の上に、神の恵みを求めるために――。
すべてをなし終えたなら、臨終の床に神の声をきくだろう。
「来よ、わが友よ、われなんじを見捨てじ」と――。

Hermann Heuvers

（2月20日）

7 イスラエル巡礼の旅の収穫

今日で、イスラエル巡礼の旅も終わりです。みなさんは、この巡礼でどのような収穫を得られたでしょうか。

四千年以上前にアブラハムに約束されたユダヤの民の祝福の約束は、三千年前のダビデ・ソロモン王の時代に果たされましたが、その後二千年間、国を失っていたにもかかわらず、1948年に領土復帰と建国を得、今2019年、一人当たりの国民所得3万5千ドルに至る先進国となり、栄華を極めるようになっています。これは、四千年前に神がアブラハムに約束されたことの成就ではないでしょうか。

そのイスラエルは、周囲のアラブ・イスラム諸国と抗争・戦争・殺し合いをしつつ、国内においてはユダヤ人とアラブ人が共存して生活しているのです。これも、不思議なことです。神の導きでしょうか。

私たちが、テルアビブ空港から最初に訪れたベール・シバを覚えておられるでしょう。

ベール・シバは、アブラハムの非嫡出子イシマエルが母ハガルと共に、父アブラハム一族から追放され、さまよった荒野です。

私は、二十数年前に一人で紅海をエジプトから渡ってベールシバにたどり着いたことを、思い起こします。

ベールシバの荒野にさまよい、食料もなくなり行くあてもないハガルは、とほうに暮れていました。我が子の死ぬのをしのびないと思いつつも、どうしようもなく、絶望に駆られていくハガルの前に、神の御使いが現れ「ハガル、恐れることはない。神はわらべイシマエルの泣き声を聞かれた。イシマエルの子孫を大いなる国の民とする」と。

これは、私たちへのメッセージでもあります。不慮の出来事や災難、失敗に遭っても、かかる苦難のさ中にあって、神は御使いを送り、私たちを助けようとなさるのです。

こうして、ベルシバからエジプトに下っていったイシマエルは、エジプトに住み、エジプト人・アラブ人の祖となっていったのです。ですから、ユダヤ人とアラブ人は、もともと兄弟民族といえるのです。

何回目かの中東戦争の和解の場所に、ベールシバが選ばれたのも、このような因縁があったからです。

今回の旅行では、モーセが渡った紅海・モーセが神と出会ったホレブ山・シナイ半島は、戦闘状態に置かれているため、行くことができませんでした。

聖書の世界は、人間の生き方について、いろいろと思いをはせる材料を提供してくれます。預言者イザヤが「聖なるかな、聖なるかな、わざわいなるかな我ほろびなん」(「イザヤ書6章」)と言った聖句も、預言者イザヤが「母親が乳のみ子を見捨てることがあろうか。もし、母親が見捨てるようなことがあっても、神は見捨てられることはない」(「イザヤ書49章」)も、このイスラエルの現地にいると、その情景がより身近なものとして感じられるではありませんか。

マグダレナのマリアが姦淫の現場を咎められ石打の刑にさせられよとした状況も、身近に感じることができます。

聖母マリアが受胎告知を受けた部屋に行った私たちは、その有様をよりリアルに、感じることができたに相違ありません。

ダビデの子でありベテシバの息子であるソロモンは、「伝道の書」を現しています。智慧において優れ、イスラエル統治において、父ダビデに匹敵する政治能力を持ったソロモンは、「箴言」

「知恵の書」と共に「伝道の書」においても、人間の生き方や世界の理解について、深い洞察を示しているのです。

「天《あめ》が下のすべての事には、季節があり、すべてのわざには、時がある。生まるるに時があり、死ぬるに時がある」（伝道の書３章）

「伝道者曰く、空《くう》の空、空の空なるかな、すべて空也。日の下に人の労して為すところのもろもろのはたらきは、その身に何の益かあらん。世は去り、世は来たる。地はとこしえにたもつなり。日は出で日は入り、またその出でしところにあへぎゆくなり。先にありしことは、また、後にも成るべし。日の下には新しきものあらざるなり」（伝道の書Ｉ章）

そして、ソロモンは、「あなたの若き日に、あなたの造り主を覚えよ」（同書12章）、「主をおそれることは、智慧のはじまりである」（箴言Ｉ章）と結んだのです。（２月21日）

第4部

補論　宗教と医学

第１章　ホリスティック医療とホリスティック（エキュメニカル）神学

ホリスティックとは、「統合」という意味です。その「統合」という意味は、西洋医学と東洋医学を合わせてまとめてひとつにするとか、キリスト教のカトリックとオーソドクシー（東方教会）とプロテスタント教会を合わせてひとつにするとか、キリスト教と仏教を合わせて、ひとつの宗教にするとかいう意味ではありません。

又、西洋医学と東洋医学を合わせて、まとめて一つにするという意味でもありません。それぞれのユニークさを認め受け容れながら、多様性における一致を認め合うということなのです。それぞれが独立し、個でありながら、全体における普遍的なものにおいて承認し合い、一致を計るということなのです。

これは、言葉を変えれば、エキュメニズム、世界規模において真理を指向し、多様性の一致を共通意識にする運動ということに他なりません。

ホリスティックは、西洋医学と東洋医学の統合というように、医学面において用いられています。また、エキュメニカルという言葉は、教会一致運動というように、宗教面において用いられていますが、共に、究極に求められているところは、真理や普遍的なものへの探求といえましょう。

かかる意味で、ホリスティックとエキュメニカルが指向するところは、同じであるように思います。そして、これは、スタティック（静止的・固定的）なものではなくダイナミック（力動的・流動的）なものです。

これは、論理的に矛盾するということと、矛盾があっても存在するという現実との関係に、なぞらえることができます。私たちは、矛盾したことに出合った時、そうであってはいけない、そんなことはありえないと思い（考え）ます。しかし、そういう事実が存在していることを否定はできません。事実、存在しているのですから。

矛盾と感じるのは、存在している事柄が、理想・理論・論理・倫理・常識・通念と違っているからです。しかし、存在している事実を否定することはできません。

この世には、かくのごとく厳然と事実そのものがあるのです。そこに、あるべき姿と現実の現象との矛盾や不条理をめぐって、人間の理性を越える超越的・神秘的な捉え方の必要性が起ってくるのです。宗教的神秘的捉え方は、ここから生じてくるのではないでしょうか。

科学的真理の捉え方を越え、神秘的捉え方をするインマヌエル・スエデンボルグ（１６８３～１７７２年）やルドルフ・シュタイナー（１８６１～１９２５年）、エドガー・ケーシー（１８７７～１９４５年）などの思索や発想は、ここから生じてきます。彼らの発想は、既存の宗教からは異端と捉えられています。

ホリスティックとエキュメニカルは、また、普遍的なものとして統一性を強調しつつも、ひとつになるということではなく、個別性・ユニークさを保持するものであるのです。

たとえば、キリスト教の一致を求めながら、教派の独自性やユニークさを、ますます強調させていくものでもあるのです。


カトリック教会における第二バチカン公会議の方向性は、１９６５年、第二公会議が終わってから、カトリック教会全体の主流となりましたが、それまで千八百年に渡ってカトリック教会が保持した伝統的在り方が、完全に否定されたわけではありません。この動きは、フランスのルフェーブル（１９０５～９１年）大司教の「聖伝派 traditional」として存在しています。一方で、第二公会議が促進させたエキュメニカルの潮流は、第二公会議の神学顧問であったハンス・キュンク（１９２８年～）などによって、２０２０年の今もラディカルに進められています。

人間と世界の歴史は、このような動きの錯綜する中で進められ、進化・進歩していくのではないでしょうか。

ホリスティック医学とエキュメニカル神学の必要性を、提唱する所以《ゆえん》です。

（２０１９年9月の日本宗教学会で発表した「医療と宗教の繋がり」論稿に、２０２０年3月に加筆したものです。）

■参考文献

Archbishop,Marcel ,Lefebure,Priestly Holiness,2007.
Ibid,Open letter to confused catholics,Philoppines,1998.

Ibid,Michael DaviesApologia Pro Marcel Lefebure,Missouri,1979.
Priest Mass,USA,2004.
Hans Kung,Why Priest,German,1971
Ibid,Infehilbar? Zulich,1970
Ibid,Judaism,The religious situation of our time,London,1992.
Ibid,Why I am still a Christian,Zulich,1985.2005.
ibid,Theology for the third millennium,USA,1988.
Ibid.Islam　past present future,Oxford,2009.

第2章　医療と宗教の接点―医療文化と宗教文化

1　医療文化と宗教文化について

医療や医学の目標が、病気を治すことにあることはもちろんですが、人間に生老病死があることも事実であり、これも自然の流れです。

病気が回復しないことはあってはならないと考え、医学の進歩に医学関係者は力を尽くしてきました。それと共に、人間は、生老病死していく存在であるという自然の摂理をどう受け止めていくのかということは永遠のテーマでしょう。医療の進歩は素晴らしいことであり、長寿も難病の治癒も、医療の進歩があったればこそ可能となりました。その一方で、生老病死の厳然とした事実をどう受け止めていくか、生命の意味や生きることの意味をどのように探求し解答を与えていくかということも問われ続けています。

ＩＣＵ（intensive care unit）という用語があります。日本語で「集中治療室」と訳されていますが、「Ｃ」はケア（care）であり、日本語に訳すと「お世話する・介護・看護する」となっています。

キリスト教医師として世界的に著名で、１９７７年に来日したスイスのポール・トゥルニエ

（１８９８〜１９８５年）という医師は、医学の根本は「compassion」であると述べました。「compassion」は「お世話する・共感する・寄り添う」というふうに訳されています。彼は、「医師は、病いだけでなく、患者の人格全体に関わっている」と述べ、「人格医学 Medecine de la Personne」を１９４０年代に提唱しました。

同じスイスの精神分析医師カール・ユング（１８７５〜１９６１年）は、自分の使命は、患者の治癒・回復に力を尽すことと、キリスト教信仰を探求し続けることであると述べました。ユングは、文豪ゲーテを曾祖父に持ち、プロテスタントの牧師の家系に生まれましたが、カトリックの患者が来ると、神父に告白して秘跡（sacrament）による癒し（cure）を受けることをすすめたそうです。ユングもトゥルニエも、ホリスティック（統合的）医療を目指したようです。

医療の進歩は、〈老病死はあってはならない、健康になるのが当たり前〉という通念を生じさせました。入院した老齢の患者さんが亡くなった時、死因を自然の老衰と死亡診断書に書けずに「不詳」と書き、病院側の落ち度とされ裁判になったことがありました。医療は治るものとされる「医療文化」が通念となっていたことが、かかる裁判を生み出したようです。

医療文化が、健康で長生きを目標としているのなら、キリスト教や仏教などの宗教文化が目標としているものは何でしょうか。それは、生きることの意味や使命・役割を説き、人間の「生」に生き甲斐と喜びを与えるものといえましょう。浄土真宗の大御所・元龍谷大学学長・信楽峻麿《しがらきたかまろ》老師（1926～2014年）も『仏教の生命観』の中で、宗教の意味について、そう述べておられます。

現代仏教界の指導的立場におられる池口恵観《いけぐちえかん》師（密教）、川田洋一《かわだよういち》医師（法華宗）、田畑正久《たばたまさひさ》医師（浄土真宗）も、同様のことを述べておられます。

2　気付き――ティック・ナット・ハーン

私は、仏教国タイに6年間住んでいましたが、同じ仏教国ベトナムの著名な仏教僧侶に、ティック・ナット・ハーン（1926年～）という方がおられます。彼は、ベトナム共産党に反抗したので国外追放となり、フランスに亡命してカトリック司教に保護され、カトリックの神学校でキリスト教を学びました。そして後に、アメリカの神学校に行って学びました。しかし、仏教僧侶の身分のまま、キリスト教を採りいれながら「気付きmindfulness」の瞑想（サマディ）を開発し、世界各地で瞑想運動を推進しています。『生けるブッダ、生けるキリスト』『仏の教え・ビーイング・ピース―ほほえみが人を生かす』という名著を著しています。

「人は、気付きの瞑想によって、生かされていることに気付き、自身の生きる意味や使命・役割を悟っていくのである」と彼は言っています。

「仏にまかせる、神にまかせる」とは、ただおまかせしているというだけではありません。まかせるという英語は、「entrust」ですが、同じまかせるを意味する「dedication,devotion」には、まかせると共に「自己献身・自分を捧げる」という意味があります。他者のために十字架の道を歩んだイエス・キリスト、ナチ収容所で、死を待つ順番を先にして身代わりとなったマキシミリアン・コルベ神父。順番が後になった男は、死刑執行が中止され救出されました。イエスとコルベ神父は、神にまかせると共に自分を捧げたのです。

現代社会では、生活の物的質が求められて来ています。生活の物的質が幸福の条件や指標とされているのです。その質とは、便利さ・快適さ・効率・早さ・楽しさ・環境の良さ・食のおいしさ・住まいの居心地のよさ、刺激的なもの・好奇心をそそるものを得ることが出来るということです。また、人間関係に煩わされず、一人でいられる時間が多くあることも、現代社会の快適さの条件となっています。職場でも学校でも、上司や同僚・部下と付き合いをあまりせず、自分の趣味に生き、自己完結的満足欲を得られることが、現代人の快適さの特徴となっているのです。人間関係を持つことは、ますます疎まれるようになってきています。

離婚の増加に伴うシングル・マザーの増加。夫婦や親子間の断絶。家庭の崩壊。フランスの実存主義者シモーヌ・ド・ボーヴォワール女史（１９０８〜８６年）が指摘したように、老病者を「役に立たず・迷惑を社会にかけている存在」として廃品とみなしがちなってきています（彼女の晩年の著作に『老い』という素晴らしい作品があります）。

これらの現代社会の生活の物的質を求める潮流を見直し、生きる意味・使命・役割を問いかけ直すためには、「気付きの瞑想」の実践が必要とされてくるのではないでしょうか。カトリックの黙想の実践と仏教の気付きの瞑想は、軌を一にするところがあります。医学と信仰を繋げるためのホリステック（身体と精神・霊を統合的に捉える）医療黙想も、必要とされるかもしれません。

3 聖ヒルデガルドのmelancholiaとviriditas

カトリックの修道女であり、医者でもあった聖ヒルデガルド（1098〜1179年）は、聖パウロが「ガラティア人への手紙」5章で述べた聖霊と悪霊の霊的識別（霊動弁別 discernment）をさらに発展させて、身体的・精神的な生命力を燃やしていくことが、聖霊（神の霊）に生かされる治癒（cure）と救い（salutus）への道であると述べ、それを、「緑なる生命力 viriditas」と表現しました（主著『病因と治療』に記載されています）。

それは、自分のあり方を、いつも、喜びの状態に置くこと、生き生きとさせることに、他なりません。

また彼女は、この世には、人間の存在を否定させようとする力が働いていることを認めています。この力や働きを、彼女は「melancholia」という概念で表現しています。これは、医学用語で「黒胆汁液」と呼ばれ、彼女は、身体的病気も精神的疾患もここから招来され、それは悪魔（satan・devil）により誘《いざな》われるのであると述べています。その行き着くところが、存在の否定・消滅なのです。これに対し、存在を肯定し、生命力を高め、低下した生命力を回復させる働き、それが「viriditas」であると述べています。それはまた、神が与える恩寵（gratia）とも言い換えることができます。

ヒルデガルドは、「melancholia」の根源は、神への疑いや不信頼から招来されるものであり、これが、罪（神への離反 peccatum）を生じさせると説いています。

よって「viriditas ＝生命力を高めるもの」は、存在への肯定を強化させる働きに与《あずか》ることに他なりません。

フランシスコ教皇やケセン語訳聖書の訳者・山浦玄嗣《やまうらはるつぐ》さんが、「復活を信じるとは、神の恩寵の先行的導きによって、何度でも立ち上がることである」と強調しておられるように、何度失敗しても立ち直り、やり直せると信じ続け、そう生きることが、「viriditas」を生きることなのです。千年前、生来《せいらい》病気がちでありながら八十二歳まで生きた女性の、健康法や生命力を高める養生の処方箋が、ここにありました。

それは、単に、身体を養生し健康を保持するだけの健康法ではなく、身体を用い生命力を積極的に発揮させ続けていく、全人格的なホリスティック健康法であったのです。ヒルデガルドがホリスティック医学の先駆者といわれる所以《ゆえん》です。

４　仏教の宗教観とキリスト教との類似性

最期に、仏教の宗教観について一言述べておきたいと思います。それは、日本においてキリスト教をどう宣教したらよいか、日本における医学と宗教との接点や連繋をどう捉えたらよいかというヒントになるからです。

まず、仏教には、個人的救いや悟りを得るために厳しい修行を行ない、出家する道程を取るヒナ・ヤーナ（上座部仏教・南伝仏教）と、在家の道と他者・衆生《しゅじょう》の救いを説くマハ・ヤーナ（大乗仏教・北伝仏教）の別があることを知る必要があります。

インド、タイ、ビルマ、ラオス、カンボジア、スリランカ（セイロン）の仏教は、マハ・ヤーナで、ベトナム、中国、チベット、朝鮮、日本の仏教は、ヒナヤーナです。

しかし、この区別は明確にあるわけではなく、人間が宗教を求める心には、個人の安心立命という面と、他者の救いに奉仕するという面の両面があることはいうまでもありません。

仏教の創立者である釈迦は、生老病死の苦悩（ドウカ）をいかにして乗り越え、悟り（涅槃《ねはん》・ニルヴァナ）に入り得るかを、厳しい修業と瞑想（サマディ）によって得ました。それは、真理（法、ダンマ）を生きるということでもあったのです。

だから、宗教的悟りを得た人（アラハン）とは、真理を掴み、真理を生きている人でもあるのです。そして、宗教的真理とこの世的な真理は異なっているわけではなく、両者は究極的には一つです。宗教的真理を体得した人は、この世においても真理をもって生きることが出来る人であるのです。キリスト教的価値観とこの世的価値観も異なっているわけではなく、究極的には同じであるのです。

一切衆生を救うことにより完全な悟りや涅槃に到達すると説く大乗仏教の教えは、さらに、釈迦個人に対する帰依《きえ》から、釈迦の遺骨（仏舎利）や多仏などを信仰対象とする宗教へと変遷していきました。

釈迦如来、阿弥陀仏、大日如来、薬師如来、文殊菩薩、観音菩薩、日光菩薩など複数の諸仏・諸菩薩を生み出させるに至ったのです。大乗仏教では誰でも菩薩になれることを強調し、生きとし生きるものは、悟りへの希求（菩提心）を起すことによって誰でも菩薩になれると説くようになりました。

世のため人のために慈悲と利他を実践し、進んで悟りの真理に基づいて現実社会の浄土化（浄仏国土）に努める生き方、それが大乗の菩薩の特性とされるに至ったのです。

キリスト教における聖母マリアへの崇敬や諸聖人への信心、イコンへの礼拝と軌を一にしているではありませんか。

5　鈴木大拙「日本的霊性」と日本における宣教―医療文化と宗教文化統合への道

仏教は小乗（ヒナ・ヤーナ）から大乗（マハ・ヤーナ）に成ることによって、広がりと多様性を現出させ、世界宗教へ進ませるに至りました。

さらに、大乗仏教は、日本的霊性を経ることによって釈迦の神髄を継承させ得たのであると世界的仏教学者・鈴木大拙（１８７０～１９６７年）師は述べておられます。

「親鸞（浄土真宗開祖　１１７３〜１２６２年）は、罪業からの解脱を説かぬ。因果の繋縛からの自由を説かぬ。この存在、現世的・相関的・善苦的存在をそのままにして、弥陀の絶対的本願力の働きに、一切をまかせるというのである。

絶対者の大悲は、善悪是非を超越するのであるから、此の方からの小さき思量、小さき善悪の行為などは、それに到達すべくもないのである。只、この身の所有と考えられるあらゆるものを、捨てようとも留保しようとも思わず、自然法爾《じねんほうに》にして、大非の光破を受けるのである。これが、日本的霊性の上における神ながらの自覚に他ならぬ」（鈴木大拙『日本的霊性』）

「シナの仏教は因果を出で得ず、インドの仏教は、ただ「空」の淵に沈んだ。日本的霊性のみが、因果を破戒せず、現世の存在を絶滅せずに、しかも弥陀の光をして、一切をそのままに包被せしめたのである。これは、日本的霊性をして始めて可能であった」（同上）

かかる鈴木師の日本的霊性の捉え方の中に、日本人の宗教観が浮き彫りにされているように思います。自然法爾（自然の成り行きの往《ゆ》かしめるところに真理の成就がある）や自然との調和が平和を産み出していくとする日本人の自然観が、日本人の宗教形成に深く影響を与えているのではないでしょうか。

神仏混合の宗教観、儒教と混合したキリスト教理解も、日本におけるキリスト教宣教の仕方に深い影響を与えてきたのではないでしょうか。

日本における医療文化と宗教文化の統合も、かかる日本的霊性を踏まえて考察されていかなければならないのではないでしょうか。

仏教の教えの中に、生老病死と輪廻転生（生まれ変わり）からの解脱と共に、「縁《えん》」という教えがあります。

日本では、「袖振り合うも、他生の縁」といって、「御縁」を大切にするところがあります。キリスト教の前身であるユダヤ教は、厳しい砂漠という自然環境から生じました。仏教も灼熱のインドという自然環境から生まれてきました。しかし、日本はそうではありません。自然と人間が調和し得る環境を磁場としているのです。「御縁」という磁場があるのです。それは、日本人が医学と宗教を統合させる可能性を持っている、ということではないでしょうか。


医学と宗教との接点は、キリスト教では、トゥルニエや聖ヒルデガルドの説明からもわかるように、病気は治癒だけではなく、魂や存在全体の救いに繋げられていることからも明示されます（エイトケン他『医学とキリスト教の連繋』も、この接点を扱っています）。

仏教においてはチベット医学に見られるように、病気の症状と存在の救いが仏教の教えによる統合的（ホリスティック）視点から語られてきました。病気の治癒は、存在の救いにまで行き着かねばならないのです（トム・ダマー　ダライ・ラマ十四世　序文『チベット医学入門―ホリスティック医学の見地から』）。

以上、医療・医学と宗教との接点について、若干の考察を、一試論として申し述べてきました。参考にしていただければ幸いです。


（日本カトリック医師会　２０１８年度　年報誌　掲載）

第３章　日野原重明医師の医療と信仰

1　新老人の生き方

２０１７年が宗教改革五百周年に当たることから、２０１７年日本カトリック医師会56号誌上に、『カトリック医学とプロテスタント医学』について発表させていただき、２０１８年57号には、『医学と宗教の接点』と題して、キリスト教と仏教の医療について発表させていただきました。２０１９年の本誌上においては、２０１７年に百五歳で亡くなられた聖路加病院名誉院長の日野原重明先生の信仰と医療について、その歩みを回顧しながら、信仰医療のありかたを考察いたしました。

日野原先生は、プロテスタントの牧師先生をお父さんに持たれ、お母さんも信仰者である家庭に生まれ、信仰者として育てられました。優れた資質に恵まれて、京都帝国大学医学部を卒業され、聖公会が経営する東京の聖路加病院に１９４１年に奉職され、以後病院長や聖路加国際大学学長を歴任。文化勲章も受賞され、日本の医学と医療のために尽力されました。

２０００年、日野原先生88歳の時に、75歳以上の老人の集まり「新老人の会」を結成され、「新老人の生き方」を三つ挙げられました。

（１）人を愛し、自分も愛される老人になること。（２）いつもチャレンジする生き方をすること、創《はじ》める生き方をし続けること。（３）耐えること。耐えることによって、人に共感することを学んでいくこと。この三つです。

皆さんご存じの通り、この三つの生き方は、ナチス収容所に入れられていたヴィクター・フランクル医師が生き抜くために、自らに課した生き方でした。死ぬことしかないナチ収容所において、なおも生き抜くことを考えた時の生き方だったのです。彼は、この三つのことばを日記に書き続けました。彼は、この時のことを『夜と霧』（１９４７年）の中に記しています。

日野原先生は、この三つの生き方を新老人の生き方として語られましたが、この生き方はすべての世代の人間にあてはまると思います。老いて病気になりハンディを負うようになった人々にも、人生に失敗したり、誤解されたり、災難にあった人々。そして刑法の罪を犯し刑務所に入ってもなお回心し、社会や人の為に役に立ちたいと新生を希望している人々など、すべてにこの生き方はあてはまります。

私は、老人施設に入所している方々に、いつもこの日野原先生の「新老人の三つの生き方」を語っています。「老いと病気で体は衰えていっても、気持はいつも「チャレンジ、創まり、新生を求めていきましょう！」と。

２ 「十歳の君へ」

２００６年、日野原先生95歳の時に、『十歳の君へ―九十五歳の私から』（冨山房インターナショナル　２００６年）という本を出版しました。十歳の少年と日野原先生が対話するという形でまとめられた本でした。先生は、少年に対して「寿命とは、私たちに与えられた時間であり、その時間をどれだけ他の人のために使っているかということが、天国へ行けるか地獄へいくかの分かれ道である」と言っておられました。

キリスト者である先生は、「神を信じて生きるということは、他の人のためにどれだけの時間を使うかどうかである」と言われたのです。そして「生きているかぎりは、一生懸命に生きることである」とも言っています。

先生は新老人の心構えとして、いつも挑戦していく生き方を強調されました。八十代から特にこのことを強調され、先生自らの生き方とされ、百五歳の時に遺稿集として出版された『生きていくあなたへ―百五歳　どうしても遺したかったことば』（幻冬舎　２０１７年）、『いくつになっても今日がいちばん新しい日』（ＰＨＰ出版社　２０１７年）においても、新しく挑戦していく前向きな生き方をなおも語られたのです。

２０１８年（百六歳）の予定がぎっしり手帳に書きこまれ、先生はさらに新しいことに取り組まれようとされていたのです。

先生は、「自己開拓」「クリエイティブ・リタイアメント（creative retirement）」という言葉をよく使われています。この言葉はすべての老人に語られるべき言葉でもありますが、老人だけでなくすべての人にも、語られることばではないでしょうか。人生で、何らかの失敗や挫折、ハンディを負った人々にも、新生できる励ましの言葉であるのです。

日野原先生は、『五体不満足』の著者・27歳の乙武洋匡さんと対談され、65歳の年の開きを題名にした『65』（２００３年）において、「悔いのない人生とは」を語られています。日野原先生の言葉は、災害や病気・誤解・遺伝から来る負い目や引け目をも打ち破り、前進せしめる希望を与えてくれます。イエス・キリストの言葉もそうでした。

３　延命医学から生命を与えるケアの医学へ

２０１９年９月14日に東京で開催された第78回日本宗教学会で、「医療と宗教のつながり」という題で研究発表をさせていただきましたが、そこで、日野原先生の「延命医学から生命を与えるケア医学へ」という視点を紹介いたしました。

日野原先生は、早くからホリスティック医療ということを提唱されておられましたが、医学書院より１９８３年に刊行された『延命の医学から生命を与えるケアへ』においても、「ターミナル・ケア」「ホスピス・ケア」が強調されていくようになった昨今の時代背景と相まって、ホリスティック医療を強調されています。その中心におかれた捉え方、それが、「延命医療から生命を与えるケアとしての医療」の提唱でありました。

このことは、日本におけるホスピス医療の草分けであったフランシスコ会の寺本松野《てらもとまつの》看護婦長（満州で従軍看護婦を経験）、大阪淀川病院長・柏木哲夫《かしわぎてつお》先生も提唱されました。医者は、診断や手術を施し、看護師はケアをするという分業から、医者もケアをしていく。とくに生命を与えるケアを施していくことの大切さを日野原先生は強調されておられました。生物学的視点以外の人間的ケア、英語で言えばパストラルケア（pastoral care）が問われていることを、強調されたのです。

「時に癒すことが出来る。和らげることはしばしばできる。だが、患者を慰めることは、いつでもできる。To cure sometimes,to relieve often,to comfort always」。この言葉は、医学の父といわれたヒポクリトス（紀元前４８０？～）の言葉とも、Ｅ・Ｌ・トルドー医師（１８４８～１９１５年）の言葉ともいわれています。

「医学は、生物学的身体の治癒を行ないますが、同時に、患者の生命に生きる意味を与えるケアをも与えていかなければならない」と、日野原先生は指摘されているのです。

「治療は、身体的治癒だけではなく、存在の安らぎや慰めを与えるケアでなければならない」、それが、ホリスティック医療、あるいはトゥルニエ医師の人格医学（Medecine de la personne）であるのです。

トゥルニエ医師は、コンパッション（寄り添うcompassion）医学という表現で語られました。

4 チームによる連繋ケアの工夫

しかし、この全人的医療を、一人の患者の診察時間が３〜５分という現状の診察システムの中で、どのように実現できるのでしょうか？

その一つの具体的方法は、チームで診察していくという方法です。医療に直接たずさわる医師や看護師は病院の職員があたり、さらに、宗教家や市役所などの公的サービス機関などと連繋プレーを密にしていくというやりかたです。

特に、ターミナル・ケアやホスピス・ケアは、家族やボランティア、地区住民との連携が不可欠となってきます。日野原先生は、このことの大切さを洞察しておられました。

患者と、医療を施す医師や看護師などの医療関係者、それを助けるボランティアの人々。この三者の連携が、より深められていくように、求められていると思います。

5 信仰と医学

百五歳の生涯を歩まれた、日野原先生のキリスト者・臨床医としての軌跡を辿《たど》ってみると、そこには、神からの働きかけとそれに応えた歩みの軌跡がみられます。

日野原先生は、患者に処方し治療したことを、自らに対しても行われました。

恵みとしていただいた生命を十分に発揮して生き切ること、即ち病者に治癒を施す医学の発展の成果を用いて、患者の生命を生かし切ることに全力を尽くしつつも、神から与えられた生命の意味をも病者に知らせ、悟らせようとする、宣教師としての使命をも果たそうとする意気込みを持って、患者に接せられたのだと思います。

その中心にある人生観は、いつも「出発の時」「新生の時」「挑戦（チャレンジ）の時」という人生観に基づいた処方箋であったようです。それは、神から与えられた生命を生かし切るという人間の側からの神への応答であったのです。

２０１３年、百二歳になった時に出版した本の題名は、『百歳は次のスタートライン』でした。この中で、「百八歳（２０２０年）になる時に開かれる東京オリンピックのことで、いろいろやることがあるので、それまで生きていなければならない」と述べられていました。

６　瀬戸内寂聴さんと語る

２０２０年、京都と岩手の寺の現役の住職をしておられる作家・瀬戸内寂聴さんと、共著『いのち、生ききる』（光文社）を出版されました。２０１９年、98歳の瀬戸内さんは、一時カトリックを求道し、作家仲間の遠藤周作氏の紹介で神父さんに教理を習われたそうですが、河内の今東光住職の教えに縁《えん》を感じ、仏教尼に得度されたのです。

瀬戸内さんは、こう述べられています。

「なぜ出家したのかと聞かれますが、理由は見当たらない。自分の意思というより、なにかに引っ張られたという感じです。たまたま天台宗が受け入れてくれたということです。禅宗も、浄土真宗も真言宗も、門を叩きましたが、縁は得られませんでした」（同書）。

日野原先生は、１９７０年、59歳の時に、日本赤軍にハイジャックされた飛行機よど号に乗っておられ救出された時、「これから残された生涯、人の為に生きる人生を送ろう」と転換の時を持たれたのです。縁が、先生の生き方を決めたのですね。

7　六十歳は二度目の成人式

１９９４年、83歳の時日野原先生は、『六十歳は二度目の成人式』という本を書かれました。六十歳は、老人への準備期間という捉え方をされたのです。六十歳は、会社離れ、子離れした自由な人生のはじまりであり、六十歳からの人生計画は「やってみたい」「楽しみたい」「役立てたい」の三たい主義で立てよう、と言っておられます。そして六十歳からは、ストレスとのいい関係が若さの秘訣であり、六十歳からの健康づくりは、「怠けず、あわてず、油断せず」であると助言されています。

8　１００歳になるための１００の方法

日野原先生は、中傷を受けられたこともあります。でも、泰然として沈黙を守られ、神の導きにご自分をゆだねられました。私たちも、そうでありたいですね。

「成人病」という医学用語を「生活習慣病」という用語に変えさせたのは、日野原先生の提唱です。

「よく生きよう。生き方を工夫し、よく生きようと努力し、その生き方を繰り返して生活習慣としていくこと。それが、新しい自己を形成することになる」（『いのちの言葉』春秋社　２００２年）と言っておられます。

習慣とは行動であり、理想（ビジョン）を実現しようと行動する勇気を持つことであり、これが挑戦（チャレンジ）なのであるとも言っています。

２００４年92歳の時に、『１００歳になるための１００の方法』という本を著し、心身双方共に治癒される具体的処方箋を、提示してくださいました。

心身医学からホリティック医学に至るまでの具体的方法はむろんのこと、生き方の行動、生き方の理解、信仰と医療との繋がり等をも解き明かし、記してくださったのです。

幾つかの処方箋を、記します。参考にしていただければ幸いです。

「二つ以上のことを同時に行うことは、老化防止の手段であると、知ること」

「意識して頭と体のエキササイズの時間を作ることを、心がけること」

「受けているものの方が、与えるものよりも多いことに、気付くこと」

「自分だっていつかは誰かに世話される日がくることを、知ること」
「健康には、上手な現実への順応の仕方が大事であると、知ること」
（日本カトリック医師会　２０１９年度　年報誌　掲載）

第4章　医学と信仰

1 病気、老い、そして死

医療技術のめざまし発展により、癌や脳梗塞・心臓病などの病気は克服されるようになってきました。人間の寿命も延び、80~90代でも健康に現役として仕事ができるようになってきました。昭和20年には、平均寿命が50歳であったことを思うと隔世の感があります。ストレプトマイシンの発明により、死の病気とされた結核が治癒されるものにもなりました。

しかし、癌や脳梗塞・心臓病はなくなったわけではありません。早期発見や早期治療によって回復の可能性が高くなったということです。

２０２０年1月に中国・武漢から起こった新型肺炎コロナウィルスのように、またたく間に感染して死んでしまうようなことも起こっているのです。

医学が進歩しても、老いと死は必ずやってきます。この問題を解こうと宗教が起こり、仏教の開祖・釈迦は、人間の生老病死からの救いを探求して一つの悟りを見い出したのです。

スキーヤーの三浦雄一郎（1932年〜）は、80歳になってエベレスト登頂に成功しましたが、今、87歳でもう一度登頂を目指し準備しています。人はチャレンジすることによって、生き甲斐が生じ、生命力が起こってくるのです。

私は、脳と身体の動脈硬化が起こり、体調が不調になりました。この回復には、むろん医療の助けが必要です。同時に、気力、気の整え方も関係があると思います。老いと病いは、共に気を殺《そ》ぐに違いありません。物事を否定的に捉えがちになってきます。そして、体内のホルモンをマイナスにさせ、ドーパミンを減らしていきます。否定的な思考は、ミローニューロン（脳の働きを活発化させる酵素）を減らし、気力を減退させます。

医療薬、食事療法、リハビリと共に、気の持ち方の訓練が必要なのです。楽しいことや嬉しいことを考える、くつろいだ気分になる、感動体験を多くする、笑う機会を多く持つなどです。

感動することが、健康保持のために効果的なことを、京都大学名誉教授の大島清医学博士も指摘しています（大島清『感動するとなぜ脳にいいか』新潮社　2005年）

老いと病気は死を実存的に予感させ、何かをやってもどうせ死んで消滅してしまうのだからと、消極的・否定的な考え方になりがちです。体力の衰えが加齢とともに進むことも関係があります。希望が失われていくのです。このような自然現象にどう対処していったらいいのでしょうか。

老いと病気を体験していった人々をみてみましょう。

2　老いと病気の治療を体験した人々の生き方から学ぶ

私は二十代前半の頃、東京・渋谷（現在・杉並）の聖書友の会を主催しておられる相見三郎牧師先生（医学博士のお医者さんで教会の牧師先生　１９０３〜５５年）の教会へ行ったことがあります。相見先生は、漢方医学を推進されていて、日本東洋医学会会長も勤められておりました。先生の『聖書の信仰と医学』（聖書友の会　１９８１年）、『漢方の心身医学』（創元社　１９７６年）は、今も読み継がれています。私もホリスティック医学に関わるようになってから、あらためて読み返しています。

スイス人医師のポール・トゥルニエは、クリスチャンの医師として著名で、来日されたこともありますが、彼は、医師の使命は患者に寄り添うことであるとして、「共感・共にいるcompassionm」という言葉をよく用いています。

彼は、「患者を癒す本当の薬は、医師自身でなければなりません」と言っているのです。なんと、慰めと癒しを与える力強い言葉ではありませんか。

3　トゥルニエ医師の癒し方

彼は、「人格医学」という医療を提唱しました。精神と肉体、対症療法と生きる意味や意義を統合したホリスティック医療です。

彼は、こう言っています。

「私にとって一番大切なのは、出会いだった。人との出会い、思想との出合い、自然との出合い、そしてそれらすべての背後にある神との出会いである」（トゥルニエ『人生を変えるもの』ヨルダン社１９８７年）。

「神は、仏教の人たちの神でもあるのであって、キリスト教徒の専有物ではないはずだ」（同書）

「人間は、誰かとの心のつながりによってはじめて苦しみを受容できるようになる。自分自身の苦しみを受け容れた人との心の繋がりによって、はじめて可能になるのです。患者が苦しみを受け容れるには、医師自身が自分の苦しみを受け容れていることが、何よりも肝心なのです」（同書）

むすびに

1 および、「病気、老い、そして死」について

２０２０年1月29日にＭＲＩ検査で脳梗塞が発見されて以来、３月19日現在も苦しい日々が続いています。体の麻痺や言語障害はありませんが、めまいやけだるさ、息切れや疲れやすさが症状としてあります。血液がサラサラになる食事に心がけ、血圧を下げる薬やコレステロールを下げる薬を飲んでいます。針灸にも時々通い、運動も時々しています。

身体的しんどさとともに、気持ちが滅入ることも苦しさを倍加させています。老いること、病むこと、そして、やがて訪れる死の苦しみが現実ものとして訪れているのです。

この50数日の間、自分自身に起きている病気の苦しみが、医療と信仰というテーマに切実に向き合わせています。

宗教が、どのように人間を救っていくのかという点において、天理よろず相談所病院「憩の家」

元副院長・今中孝信医師の『健康に生き健康に病み健康に死ぬ』、25年前にベストセラーになった春山茂雄医師の『脳内革命』、ホリスティック医学の第一人者・ホリスティック医学協会創立者で前会長の帯津良一先生の『がんと告げられたら、ホリスティック医学でやってみませんか。』は、今の自分にとって格好の導きの書となっています。

帯津先生は、〈医者が「打つ手はありません。ターミナル・ケア病棟へ行ってください」と患者に言うのは、西洋医学では打つ手はないということであって、実際には代替療法など打つ手はまだたくさんある〉と言っておられます。

帯津先生は臨床の多くの経験からがん療法を開発され、東洋医学や漢方、独自の食事療法、中国の気功、瞑想、音楽療法などを取り入れ、自然治癒力を高める処方を工夫されました。生命力を高めることが病気を治癒させる最大の処方なのです。心身の生命力を高めること、これがホリスティック統合療法なのです。

この視点は、「脳内革命」を提示された春山医師も強調されています。脳に前向きで積極的なエネルギーを送ることが脳を活性化させ、病気を治癒させる原動力になる。それが、脳モルヒネであり、ベーターエンドルフィンを分泌させるのだと。心で考えることは、それがきちんと物質化されて、体に作用するのです。

ネガティブに考えると、それが老化を早め、発ガン物質を生じさせ、病気を生むのです。一方、他者のために働きたい、世のために尽くしたいという高い欲求を持てば、そこに大きな天の意志というものが働いて、脳内で化学反応が起こり、よい脳内モルヒネを生み出し、生命力を高めると述べているのです。

晴山氏は、〈人間は、本来病気にならないものだという信念を固く持つなら、病気にならない〉と言っています。病気になるほうが、おかしいというのです。


帯津先生も、〈くよくよせず、常にプラス思考をすることが、生命力を高め、自然治癒力を増発させる〉と述べておられます。

また、場の生命力を高めるため、人間関係や交流の場をいつも持っておくこと、孤独にならないこと、孤立しないことを挙げておられます。「共に、寄り添ってくれる、気心の知れた人、話し相手を持つ」ということです。


「脳内革命」の春山先生と同じような視点を持っておられるのが、1996年『快癒力』を著された篠原佳年《しのはらよしとし》（1950年〜）医師です。〈イメージを変えれば健康になれる、病気は気が作る、病気・健康に気を使い過ぎると病気になる〉と言われるのです。病気は、気にしないことで治る、と。

天理教の医師今中先生は、老い・病気・死という問題を、宗教的見地から、かつ、医師としての立場に立って、深い考察を加えられています。

これらのテーマについてはたくさんの本が出ていますので、以下に紹介しておきます。

■参考文献

(1)帯津良一先生の著作

『ホリスティック医学の治癒力』ホリスティック医学の治癒力」法研　1993年
『癒しの法則』サンマーク出版　1999年
『気功的人間になりませんか』風雲舎　1999年
『いい場を創ろう』同　2005年
『ホメオパシー』メタモル出版　2004年
『ホリスティック医学』東京堂　2007年
『健康問答1』五木寛之と共著　平凡社　2007年
『健康問答2』同　同　同
『心の掃除で病気は治る』文芸社　2008年
『ホリスティック医学入門』角川書店　2009年
『生死問答―平成の養生訓』平凡社　2011年
『ガンと告げられたらホリスティック医学でやってみませんか』風雲舎　2011年
『ガンになってもあきらめない』世界文化社　2012年
『医者が書いた死ぬまで元気に生きる知恵』中経出版　2013年
『自然治癒力』サプライズ・ブック　2016年
『不養生訓』山と渓谷社　2017年
『死の不安を乗り越える大ホリスティックな生き方』ワニブックス　2018年
『はつらつと老いる力』KKベストセラーズ　2019年
『Dr.帯津の老いから学ぶ「大逆転」のヒント』海竜社　同

(2)今中孝信医師の天理教の立場に立ってのとらえ方

今中孝信『生き方が健康を決める』天理教道友社　1992年
同『健康に生き　健康に病み　健康に死ぬ』同　2001年

山本利雄『重症の枕もとで―手当ということ』同　1898
同　『いのち―今、を活きる』同　1989年
同　『人間創造―天理教「元初まりの話」』同　1990年
平葉子『「憩の家」―祈りの看護』同　1996年
目黒和加子『出産　助産師の祈り』養徳社　2016年

(3)**晩年を迎えられた著名人の作品**

E・キューブラー・ロス『死ぬ瞬間』読売新聞社　1998年　2013版
同　『「死の瞬間」をめぐる質疑応答』中公文庫　2005年
佐藤愛子（1923年生まれ）『気がつけば、終着駅』中央公論社　2020年
瀬戸内寂聴（1922年生まれ）『老いも病も受け入れよう』新潮社　2016年
同　『老いを照らす』朝日新聞社　2016年
同　「生きてこそ」新潮社　2017年
田中旨夫『101歳現役医師の死なない生活』幻冬舎m2019，12月
福田孝規『エドガー・ケーシーの人を癒す健康法』たま書房　1995年
新福尚武『さわやかに老いる知恵―精神科医のすすめ』婦人之友社　1986年
白沢卓二『100歳でも元気な人の習慣』アスコム　2014年
日野原重明『老いを創める』朝日出版社　1985年
同　『六十歳は二度目の成人式』ごま書房1994年
同　『「生活習慣病」がわかる本』ごま書房　1998年
同　『「新老人」を生きる』光文社、2001年
同　『人生百年　私の工夫』幻冬舎　2002年
同・瀬戸内寂聴『いのち、生ききる』光文社　2002年
同　『こころ上手に生きる』（講談社　2002年）
同　『65 27歳の決意・92歳の情熱 対談・日野原重明×乙武洋匡』中央法規　2003年

同『今伝えたい大切なこと―いのち・時・平和』NHK出版　2008年
同『100歳になるための100の方法』文芸春秋　2009年
同『いのちの使い方』小学館　2012年
同『いくつになっても、今日がいちばん新しい日』PHP研究所　2017年
同『生きていくあなたへ105歳 どうしても遺したかった言葉』幻冬舎　2017年
曽野綾子『失敗という人生はない』新潮社　1988年
同『人間にとって成熟と何か』幻冬舎　2013年
同『人間の分際』同　2015年
同『老いの僥倖』同　2017年
同『人間にとって病とは何か』2018年
同『病気も人生』興陽館　2020年
同『長生きしたいわけではないけれど。』ポプラ社　2020年
田畑正久『大往生できる人 できない人』三笠書房　2016年
枡野俊明『人は、いつ旅立ってもおかしくない』PHP　2016年
同『いい気分はすべてを変える。』ソシム　2018年

(4)その他
篠原佳年『快癒力』幻冬舎　1996年　2000年版
春山茂雄『脳内革命』サンマーク　1995年

2 天理教と宗教の究極に在るもの

2019年は11月下旬にローマ教皇フランシスコが来日され、2020年は世界の宗教や国際

政治において平和と環境問題が注目される年になるはずでした。国内においては東京オリンピックが、そして、読売新聞社がプロ野球の神様といわれた巨人軍の背番号16の川上哲治選手（１９２０～２０１３年）の生誕百年を祝う企画を予定していました。

しかし、２０２０年1月に突如起こった、コロナ新型肺炎のためオリンピックは1年延期され、世界は一転して未曽有の惨事に陥ってしまいました。

コロナは２０２０年4月になっても終息せず、感染者や死者は増大し続けています。

天理教病院「憩の家」元病院長の山本利雄先生は、京都大学を卒業され、今中孝信先生と同じように、天理教病院の医師として「病気を診る医療」ではなく「病人を診る医療」をモットーとされてきた方です。

「病人を診る医療」は、臓器そのものの治療や治癒はもとより、人間そのものの病気を癒す、世話（care）をする医療です。西洋医学は治療医学がその中心にありますが、東洋医学やホリスティック統合医学は、ケア（care）医学が内包されています。

山本先生や今中先生、またホリスティック医学の第一人者の帯津良一先生は、「寿命」と「生命力」を区別されておられます。「寿命」は神の摂理（自然の計らい）ともいえますが、「生命力」とはその人個人のものであり、医者や宗教家が予知できるものではないのです。

今中先生の先輩である山本先生は、『重症の枕もとで―手当ということ』（天理教道友社　１９８９年）で、寿命と生命の区別を述べておられます。

帯津先生も、〈人間には、わからない部分があり、あって当然である。そこには科学だけでは解明できない、神秘なところがある〉と述べておられます。天理教も帯津先生のホリスティック統合医療も、寿命や生命力は自然の一部であると捉えているのです。

西洋文化と結びついたキリスト教的合理宗教や哲学的思索を深めた仏教よりも、日本的神道や天理教の考えの中に「自然の道」があるのかもしれません。

3 医学と宗教との接点を繋ぐ——結語

「医学と宗教との接点」は、キリスト教ではトゥルニエや聖ヒルデガルドの説明からも知られるように、病気が治癒するだけではなく、魂や存在全体の救いに繋《つな》げられ、ホリスティック的に解明されることによって接点が明示されていきます。

仏教においては、チベット医学に見られるように、病気の症状と存在の救いが、仏教の教えによって統合的（ホリスティック）に語られてきたのです。病気の治癒は、存在の救いにまで行き着かねばならないという捉え方は、仏教の根幹に由来しています（トム・ダマー著 ダライ・ラマ十四世序文『チベット医学入門 ―ホリスティック医学の見地から』春秋社 １９９１年）。

キリスト教を信じる宗教者であり、医師として医学に献身したトゥルニエの言葉をもって、「医学と宗教との接点」を繋ぐ結論としたいと思います。

●

「医師の仕事は、アバンチュル（冒険＝何かを創造するために挑戦すること）の連続です。絶えず熟考し、自分を磨くことが要求され、医学の進歩についていかなければならないからです。医師の仕事は、常に自分を発展させてくれるものがあるのです」（『人生を変えるもの』山口實訳 ヨルダン社 1987年）

●

「医師には二つの任務があります。一つは、診断と治療を目的とします。もう一つは、人間的なもので、患者が一個の人格として開花していくのを助けるのを目的とします」（同書）

●

「本当の宗教とは、生涯にわたって神と共に生きることであり、幼いうちから神と結ばれて、家庭生活、職業生活、社会生活すべてを神と共に行い続けていくことです。宗教は、人生に意味を与え、年を取るにつれてますます開花し、成長していくものだと思っています」（同書）

●

「患者は神が私に送ってくださった人であると、私は考えています。そして、問題を抱えてはいるが、解決できるのは、神であって私ではない、と思っています」（同書）

●

「病人に対するイエスの最初の配慮は、慰めと苦しみの除去と癒しを与えることであった、と私は思います」（『聖書と医学』）

●

「神は私が神に気づく以前から私を大きくしてくださいました。医者になるよう命じられたのも神です。行動の世界へ私を投げ込まれたのも神です。それ以後はどんな失敗にもかかわらず、神は必ず私を導き続け給うておられるのです。今、老いの新しい歩みの中でも、私を導いて下さっているのは、やっぱり神なのだと、考えています」（『老いの意味―美わしい老年のために』）

●

「信仰が私の霊的生活だけを生かすのではなく、私の医療全体を生かしてくださっています。神は我々の霊的生活だけを導かれるのではなく、生活全体を導かれているのです」（『トゥルニエ来日講演集　生きる意味』山口實編訳　１９７８年）

以上、医療・医学と宗教との接点についての考察を、一試論として申し述べてまいりました。参考にしていただければ幸いです。

ホリスティック医療黙想推進司祭

坂　本　陽　明

この本を上梓するにあたり、日本カトリック医師会名誉会長の石島武一先生、ホリスティック医学協会前会長の帯津良一先生、そしてカトリック鹿児島教区長・中野裕明司教より温かい励ましをいただきましたことに心から感謝申し上げます。

坂本陽明 (Fr.Paul Sakamoto)

カトリック司祭　現・鹿児島教区阿久根教会主任司祭

1947年生まれ。東京・聖イグナチオ教会出身。中央大学・南山大学大学院卒業。

中国・輔仁大学中国語研究センター修了。

前・中国・国立政治大学教員、タイ国アサンプション大学教員。前マリア山荘霊性センター担当司祭。

現・鹿児島教区阿久根教会主任司祭・ホリスティック医療黙想推進司祭

主な著作
『台湾山地人とキリスト教』東京大学　論文　1988年
『聖アンセルムスと王陽明』中国・輔仁大学　1900年　中国語
『日本文化とキリスト教』中国・光啓出版社　1991年　中国語
『聖アンセルムスと日本思想におけるIntellectus Fidei』中国・光啓出版社　1992年
『現代中国とキリスト教』中央出版社　1993年
『ニルヴァーナ（救い）への道―小乗仏教とキリスト教』アサンプション大学　1996年
『東欧・中東とキリスト教』聖母の騎士社　1998年初版　2005年3版
『マネジメントとキリスト教』アサンプション大学　2000年、新版　国際霊性研究所　2015年

『21世紀のキリスト教の行方―聖ベネディクトの視点から』イー・ピックス　2002年
『霊性と教会マネジメント―21世紀のリーダーシップ』イー・ピックス　2005年
『祈りを求める心―癒しへの道』イー・ピックス　2007年
『不安と失意を克服する生き方』イー・ピックス　2009年
『救いと癒し―キリスト教的ホリスティック・ケア入門』教友社　2010年
『キリスト教的ホリスティック黙想　救いと癒し2』教友社　2012年
『キリシタンの世紀―新井白石とシドッチ神父』イー・ピックス　2012
『大西郷の悟りの道―敬天愛人とキリスト教』南方新社　2015年
『キリスト教的ホリスティック黙想　増補新版』教友社　2015年
『マネジメント（人の生かし方）とキリスト教』国際霊性研究所　2015年
『イノベーション（刷新）と教会マネジメント（人の生かし方）―共生社会への道』イー・ピックス　2016年
『聖ヒルデガルドの医療と信仰・キリスト教とは何か』国際霊性研究所　2017年
『キリスト教的ホリスティック黙想　救いと癒し2　増補第3版』教友社　2019年

著者連絡先
携帯　090-7075-2349
Eメール　sakamoto220117@yahoo.co.jp
住所　〒899-1625　鹿児島県阿久根市波留563-1　阿久根カトリック教会

医療から見たキリスト教と仏教の究極に在るもの

著　者　坂本陽明
発行所　イー・ピックス〔大船渡印刷出版部〕
発行日　2020年6月29日　第1刷
代表者　熊谷雅也
〒022-0002
岩手県大船渡市大船渡町字山馬越44-1
電話0192-26-3334
https://www.epix.co.jp
装　幀　Malpu Design（清水良洋）
本文デザイン　Malpu Design（佐野佳子）
印刷・製本　㈱平河工業社

ISBN978-4-901602-70-9